锦里风流

：成都生活的印象

ROMANTIC JINLI IMPRESSION OF LIFE IN CHENGDU

诸葛丹 严光辉/
张 丰/主编

成都时代出版社

图书在版编目（CIP）数据

锦里风流：成都生活的印象 / 张丰主编. -- 成都：成都时代出版社，2020.7（2025.10重印）

ISBN 978-7-5464-2595-5

Ⅰ. ①锦… Ⅱ. ①张… Ⅲ. ①地方文化 – 成都 Ⅳ. ①G127.711

中国版本图书馆CIP数据核字(2020)第080440号

锦里风流：

成都生活的印象

JINLI FENGLIU

CHENGDU SHENGHUO DE YINXIANG

诸葛丹　严光辉　策划

张　丰　主编

出 品 人　钟　江

责任编辑　蒋雪梅

责任校对　张　巧

内文设计　原创动力

封面设计　许天琪

责任印制　张　巧　陈淑雨

出版发行　成都时代出版社

电　　话　（028）86742352（编辑部）

　　　　　（028）86763285（图书发行）

印　　刷　河北晔盛亚印刷有限公司

规　　格　140mm × 210mm

印　　张　6.75

字　　数　160千

版　　次　2020年7月第1版

印　　次　2025年10月第3次印刷

书　　号　ISBN 978-7-5464-2595-5

定　　价　48.00元

总序···

什么是天府文化？天府文化就是在“天府之国”产生、发展、繁荣的文化，它以成都或者川西平原为中心，从一定程度上讲，也就是成都的文化，就是成都的传统，就是几千年来所形成的成都独特的一种生活方式；它是历史，它是生活，它是日常，它深深地印在了我们的记忆中，它在我们的血液里流淌；它存在于我们看得见或者看不见之处，或者是一种思维习惯，或者是一种行为方式，或者是一种情调，或者是一种看法，或者是一种嗜好，或者是一种特点……

过去研究者把着眼点更多地放到像北京、上海那样在近代发生了剧烈变化的城市，其实我一直认为，成都更能代表中国的城市，因为它地处内陆，包含的中国元素更丰富，保留了更多的传统文化。成都就是一座典型的中国城市，这样一座城市可以代表许许多多类似的中国内陆城市，给我们展示不同于沿海的城市风貌。

成都平原物产丰饶，为成都城市经济的发展提供了保障，也塑造出独特的天府物质文化。天府文化的历史源流，可以追溯到古蜀。都江堰是天府文化的重要源头，培育了天府文化的创新精神，奠定了天府文化的物质基础，发展了川西平原的稻作农业，两千余年间为“天府之国”提供坚实的物质基础，而且还促进了自然与人文、农耕文明与城市文明、原生文化与外来文化的有机结合。

天府文化根植于川西平原，融入了人们的生活方式之中，田园、美食、诗歌、音乐、休闲……川西平原人文积淀非常深厚，孕育了许多优秀人才，包括文学、政治、军事、科技、商业等各个领域，为天府文化注入新的活力，促进了天府文化的蓬勃发展。同时，天府文化又不断与其他文化进行着交融，吸取其他文化的精华，对中国文化做出了自己的独到贡献。

天府文化之所以繁荣，是因为川西平原有环境、气候、物产、交通等得天独厚的条件，我们需要充分了解和珍惜这些因素。在当今世界，凡是建设和发展比较好的城市，几乎都具有传统文化与现代文明有机的、合理的结合，物质经济与精神文化的成长并行不悖。

了解一座城市的昨天，是为了更好地了解这座城市的今天；了解一座城市的今天，是为了建设和打造这座城市更美好的未来。在这座中国历史文化名城，许多历史文化遗址随着时代变迁而遭受毁坏甚至消失，因此，保护天府文化的记忆就变得十分重要。文化是一座城市的独特印记，可展示自己真实、立体、全面的城市形象。

对一座城市的了解，我们可以有许多切入口，可以有许多的角度，以许多的方法运用不同的资料，关注不同的话题。成都时代出版社把过去多年来出版的七十多种关于天府文化的图书，精选了十种作为天府文化城市系列再次印行，这些书涉及天府之国的古代文明、文物考古、文学诗歌、日常生活等，基本上覆盖了天府文化从古代到今天的各方面的内容。

我认为这是一种非常好的思路，为这些书重新受到关注创造了非常好的条件。这套书所提供的关于蜀地文明、天府文化和成都城市的介绍和研究，为我们理解这座城市及其文化非常有帮助，也为研究这座城市做出了非常重要的贡献。这套书的写作中，成都本土学者担任了主要的角色，他们孜孜不倦地收集资料、实地考察、刻苦钻研、辛勤写作，探索和了解这座城市的过去，为我们展示了这座城市丰富多彩的文化和历史，为广大关注天府文化的读者提供了非常珍贵的信息和精神食粮。

王　笛

2021 年 7 月 2 日

目录

流沙河 文

我给大家说说什么叫文化

我讲一个自己真实的经历——就是我怎样去了解历史和文化的。

这件事情是在20世纪90年代，那个时候，我住在大慈寺路，更早一些时候住在红星路。在红星路的附近水东门的几十条小街开始全部都要拆了，因为水东门是成都最穷的地方，那一带要把它拆了，修一条大的街。我就每天在水东门那一带的小街仔细走，仔细看，并且回想历史。

在百年前，郭沫若坐着木船，从他家乡乐山到成都来，那个时候他才14岁，完全是个小孩子。我读他的自传知道，从乐山到成都全部是木船，木船需要人拉，逆水行舟慢慢向北，夜晚还不能走，走了有好长的时间呢？走了一个星期。我们今天从乐山到成都只要两个半小时，当时他走了一个星期。当时的人，像郭沫若这样的少年，要离开他的家乡走这么远，是一件非常大的事情。

郭沫若离家，在乐山的一个码头，他母亲送他上了木船，他就此写了一首诗："阿母心悲切，送儿直上舟。泪枯惟刮眼，滩转未回头。"他用了远古的传说故事，说聂郎从一个小娃娃变成了龙以后，离开他的母亲的时候，就是沿着这一条江，曾经九次回头望他的母亲。"流水深深恨，云山叠叠愁，难忘江畔语，休作异邦游。"他的妈妈怕这个儿子走得太远了，就不回来了，以后永远都看不到他了，因此上了船以后，他的母亲还对他说千万不要到外国去。

什么叫文化，这些我讲的全是文化。一个年轻人，在百年前就已经会写五言律诗，而且写得这样好，还会用典，这个在我们今天看来不可想象，在当时最常见，特别是乐山这个地方。

我们所有的四川人应该加倍注意，四川很多古老的语言文化早已经消失了，这是由于明末清初大移民，各个省的人都移起来了，特别是明代末年张献忠大肆屠杀，整个四川只有乐山那一个角落被当地的一个民团领袖，叫杨展，带着队伍死守，张献忠杀不进来，因此乐山那个地方的人全部都留下来了。至今我们四川留的口音只有乐山一个地方能够讲"入声"，我都不会，因为我是成都人，不懂什么叫"入声"。这些就是最珍贵的历史文化。

我虽然不懂，我还知道去学，但是可惜了我没有学过语言学，我也不会讲任何外省话，我用最笨的办法，去学习我们成都一个经学家，清代末年很有名的。民国时候陈寅恪到成都来，亲自到他家中去拜望他，叫林山腴写过的一本书——《入声考》（此处疑流沙河先生记忆有误），就是讲平、上、去、入。

我们成都人始终不懂什么是入声，我就学了那个书也不懂，但是我用最笨的办法，我把他那部书所有收的入声字拿来分类，分了八类，就是只有那八个声，然后死死地记。我为什么要记它？没有好多用，但是要知道了这个，你才知道我们曾经经过的道路。真正的四川人保留下的口音只有乐山。

我们曾经经历过的历史被毁了，是一个极大的损失，所有我们经历过的道路，都是有意义的，“the way we were”，我们曾经有过的那一条路就是历史。一个民族，有没有真正的软实力在于它有没有历史，没有了历史它就无从抵抗任何异族入侵，有了历史它就保留下来了。

乐山话中间，有很多说法是我们四川人不懂的，比如有一个人坐在那里，我们都在叽叽喳喳说话，他不说话，乐山人叫他“哑默生”，用的是一个“生”，这个“生”就是古话。李白写杜甫，都说他是“太瘦生”，现在我们已经不用这个字了，这个“生”就是“先生”，“哑默”是他不说话。然后乐山人说一个人很顽固，叫“愚古笨”，什么叫“愚古笨”？“愚”是愚蠢，“古”是古板，“笨”是不灵活，四川话已经没有了。这个就叫历史，也叫文化。

我再给大家说什么东西叫文化？就是“乐山”的名字。乐山的名字，我有一次听到他们那里的宣传部长说：“仁者乐山，智者乐水。”我就笑了，他说错了，“仁者乐山，智者乐水”是《论语》里面的，那个字不读“lè”，读“yào”，因为这个“乐”字，如果我自己高兴，那就叫乐，我快乐。如果我喜欢音乐，那个字就读“yuè”，所以我们至今有姓“乐”（yuè）的。如果我来给你表演，使你快乐，又是另外一个字，我们读“nào”，你看《诗经》里面的“钟鼓乐（nào）之”，就是指将钟鼓演出的队伍，拿来使现场很热闹。如果我自己心里想什么，倾向于喜欢什么，是读“yào”。所以应该读“仁者乐（yào）山，智者乐（yào）水”。

我马上就想起巴金的小说《家》，里面写的那个顽固老头，我见到的所有人包括文化人都读的冯乐（lè）山，我听就晓得错了，那个叫冯乐（yào）山。我怎么会晓得？我的家族中间，有一个我爷爷辈的人，叫余乐（yào）山，我小的时候看写他的名字，写出来是“快乐”的“乐”，这时我才晓得的。

结果，我们四川人把这个“乐”字读了四个音出来，这就是一种文化。因为这四个不同的音，使这四个词的词义都得到了改变，这也就使我们的汉字、汉语极富弹性，也正是我们的文化。

乐山人想知道“乐山”究竟怎样来的，就问了好多人。我说你们那个地方，有座山叫“至乐山”，山上曾经有一个道观叫“至乐观”，《庄子·外篇》有一篇叫《至乐》，第一句是“天下有至乐无有哉”，“至乐”，至者最也，到达顶峰。显然，乐山的名字是根据那座山取的，地以山名，只是把“至”字去了，就叫“乐山”。这个“乐山”和“仁者乐（yào）山”毫无关系。像这一些东西，我说实在话，由于只有我们这几个老家伙都还在，才能够了解真实。如果我们不在了，那么人们马上就会怀疑那个《论语》上面的“仁者乐（yào）山”应该读成“仁者乐（lè）山”。

这些全是文化。老实说我本人是新文化的产物，我没有读过什么旧的私塾，我上小学已经是民国二十七年了，教育部都完全把教育改了，那个时候的教育已经相当现代了，我接受的小学、中学、高中教育全是现代教育。

那么，为什么我后来又花这样多的力量去弄这些古典呢？

我告诉大家，这不是我自由选择的，是因为1957年以后我当了“大右派”，没有办法了。原来我是写新诗的，搞新文学研究，从这个时候开始我就想，我这一生还有这样多的精力要拿来用，用到什么地方呢？我才开始补课——数学、古代天文学、现代天文学，然后动物学、植物学，还有古代的经学，涉及四书五经的，重新读，然后钻研古文字学。这些都是我为了使我多余的精力有一个去处，使我成为今天这样一个老夫子。

所以你们不知道，刚才你们提到的那两首诗《理想》和《就是那只蟋蟀》，我写的新诗，如果你们愿意听真相，我就在这里给你们说。

名叫《理想》的那首诗非常长。我每一次到学校里面去，那些学生就要来表演——我一去，才走进去大家就站起来一起背诵，他们一背诵我就不能走了，我就只好在那儿站着，站着我又只好低下头，因为我实在觉得过意不去——这样多学生在那儿站着。我一想起当初逼迫这些学生去背诵，是如何的痛苦，我深知我背诵不下来，还赶不到这些小学生。我就知道了，他们是在以一种很苛刻、死板的方式教育学生，叫他们背诵。我又背不出，站在那里我有犯罪感，我说我害了他们，你们快点背完。然后我就后悔了：天哪！如果我当初写短一些，他们也不可能这样子辛苦。

是这样写的，还有真相，是我奉命写的，在1986年的时候，北京《诗刊》把我叫去，和其他一些诗人，后来《诗刊》的主编跟我说，团中央要求他们刊物在全国征文，题目就叫《理想》。我说我不想写这个稿子出来，但我和他们关系处得好，上头对他们又有要求，我就说好嘛，好嘛，写。我又要写，又不能得罪任何方面。于是我就这样写了，应付着就发了。结果，那时他们发过很多首《理想》，我这首诗被编教科书的编进去了，不是我写得有多么好，是他们发现了这首诗押韵，句式长短调和，适合于娃娃背诵。纯粹是这样的，我一下子就理解了。我说如果我去写自由体的诗，连我都背诵不下来，那么我怎么办呢？所以无意之间就写了这首诗，我认为写得不好，但是聊以自我安慰的就是我没有使那些娃娃太痛苦，是因为我把音韵平仄适当地调整，句子长短适当地调整，娃娃还容易背诵。后来我问那些小学生，我说你们背起来艰难不艰难？小学生说容易得很，很好背。所以真相就是这样的。

我希望你们不要赞扬说我这篇诗写得如何好。可能人家选我这首诗也不是因为我写得好，而是这首诗作为教科书材料还比较方便，还可能这首诗适合拿来宣传，既宣传了又不太招人厌。

至于另外一首《就是那只蟋蟀》，纯粹是余光中先生写给我的信启发了我。余光中80年代初期给我写的信，说他非常之想念四川，然后我就找起朋友，在余先生曾经读过中学的地方，是在重庆的渝北区乡下的一个地方，叫“双龙嘴”的村庄，抗日战争从南京迁来了一个中学，就迁到了那里。余先生就在那里读了七年的书。他就说的：我至今还想得起我在四川乡下听见的那只蟋蟀叫，后来我走到海外，到处都听到蟋蟀叫，我一听见蟋蟀叫我就想起四川的那一只蟋蟀，好像它还在那里叫，还在那里等我。你看，余光中是一个诗人，他给我写的信，我一下就感受到了，人家真是一个诗人。我被他感动了，所以才写了这一首诗《就是那只蟋蟀》。所以实在不是我有什么能力，是别人“抛玉引砖”，我只是一匹砖，别人一两句出来就是诗，这些就是真相。所以我知道我不是一个诗人，别人有时候要介绍我是诗人，我说那是几十年前的事情，实际上我从1990年代起就一首诗也写不出来了，我就改了行，我去研究中国古代典籍。事实就是这样的，你们刚才提到的这首诗。

然后，我要说我今天来的目的不是谈这个，是因为刚才主持人提到了，我只好做解释。我是准备用五分钟来给王笛教授扎起。我这次来的目的早就说过三次，王笛教授使我非常震动，因为我看他从一个小娃娃长大，我记得清清楚楚，他的哥哥是小学高年级学生，他是低年级小学生。他的哥哥端着一个大的钢精锅从他们那一边宿舍到布后街二号院子省文联的伙食团窗口买饭、买菜。他的哥哥走在前面，他的哥哥还要高一些，已经超过那个窗台了，而这个小兄弟在后头根本看不到厨房里面，还是个小娃娃。

怎么后来他变得这样有能耐了？我是怎么知道他有能耐的呢？是因为他和他的哥哥离开了二号院子，到不同的地方读书去了，他后来又在什么地方读了书，什么时候出的国，我完全不知道。他们的父亲叫王广源，是我的老庚，我比他父亲只大几小时，这个也不足为怪。学了数学的，晓得这种叫几率，只要一个集体的人上了365个，就很有可能其中有两个人是同一天生。那么，我和他父亲除了老庚以外，年轻的时候都在四川省文联布后街二号工作，他父亲在音协，我在创作部这边，和他父亲两个关系非常好，星期天我和他的父亲，还有其他几个年轻人都到人民公园去逛，这些都是共同的记忆。

我看到他是个小娃娃，但是他以后会是什么，我没有放在心里。直到十多年前，有一次他的父亲给我送来一本书。我问：这个是什么？他说：是我们王老二的毕业论文。我说：嗨呀，都写这么厚一本书了啊！他说：人家还没有正式出版的，王老二给我说的，喊我给流沙河叔叔送一本去。我拿到一看就很吃惊，这本书的题目是《街头文化：成都公共空间、下层民众与地方政治》。我说：老庚，你这个娃娃怎么会选这样一个了不起的题目。我本人读了那么多的书，没有看到一篇中国文章来研究这个。王老庚说这是教授给他指的方向。

我心里就想起一件事情：《南橘北枳》里面说的，橘这种果物，如果生长在楚国，比如湖北、湖南，就是橘子，这样大的，非常红的那个橘子，英文“orange”；如果是纬度往北方移，移到淮河流域以北，对不起，就变了，叫枳，凡是名叫“枳”的都很小。橘子到了淮河流域以北，变成枳，只有这样大，而且不是水果，不好吃，只能拿来做中药，中药叫枳壳。

我一下子就想起这件事情，同样是一个人，把你放到不同的地方，他就会变成不同的人。所以我认为先有地灵才有人杰，而不是倒转来的。一片土地，一种文化，只能产生什么样的后代，这不是我们能够选择的。他很幸运，遇到了中国百年来国门大开的时候，很多留学生到美国，到欧洲，开创了那么多历史。

各位年纪轻，不太有好多对比的感受。我是三十年代生的人，四十年代的青年学生，五十年代的青年干部，我和他父亲都曾经是共青团员，还一起过组织生活。我们学了些什么？我说我写新诗，怎样宣传，宣传要符合怎样的口径。我在年轻的时候，还有人说这个青年诗人非常之了不起，我也曾经误会过，我自己也感觉良好。后来经历了中国这几十年来的各种风波和各种机遇，重新回头，认识了什么叫文化，什么叫中华文化，什么是中华文化中间我们应该好好珍惜的，什么是中华文化中间失败的东西。

而王笛教授本人在我眼中就是一个文化是要靠什么环境

所形成的活生生的典型。我对80年代后来叫邓小平时代评价极高，就是他打开了国门，把好多青年娃娃送出去读书，像王笛教授这样的中国已经有千千万万了，国家的前途就在这里。我本人已经无能为力了，因为年纪大了。

后来我把这个话告诉王老庚，我说：王老庚，我们这个布后街二号院出去了这样多的娃娃，我最看得起的只有你这个王老二！

如何保存一个地方的生活方式

葛剑雄 文

其实，当时叫我讲“互联网和城市化进程中如何保持自己的城市特点和吸引力”这个题目，开始的时候我有顾虑，因为我的观点和这个主题有点不同。

我觉得在互联网时代，也可以说是后工业化时代，一个地方要保持它的特色是非常困难的。但后来一想，如果把这个话讲清楚，恐怕也正是以这个题目来讨论的目的，因为事情总有两个方面。那么在讲这个问题前，我希望大家首先明白，我们现在讲的文化，它到底是指什么？如果大家概念是不同的，或者你讲的是方的，我讲的是圆的，那没有办法讨论。

我觉得我们讲的文化，实际上就是马克思在论证他的历史唯物论时，用最简单的话讲的，就是人首先要吃喝住穿，然后才能从事其他活动。

我们现在讲的文化，它的基础是什么呢？

其实就是一个群体，一群人，他们的生活、生产、生存的方式。在这个基础上，形成的或者提升出来的一种行为规范，一种思维方式，一种价值观念，一种他们共同的信仰，以及与之相适应的制度和规范，包括法律这些。所以文化的基础，就是我们日常的衣食住行，我们的生活。也正因为这样，所以愈是在一个生产力不发达，交流比较缺少，交通不便的社会里，文化的地方特色就愈是丰富多彩。为什么呢？因为必须要依靠自己所生存的这个环境里的自然条件，没有办法利用外界，人际交流也很少，当然特色就保存下来了。

中国为什么有那么多方言呢？其实老祖宗当时他有几个孩子，他们讲话口音应该是一样的，但是他们分开到不同的地方，原来微小的差距、差异就越来越扩大了，最后就演变成了不同的方言。所以你看北方大平原上没有太多的方言，最多有个别的词汇发音不同，但是到了南方隔一座山大家都不能通话，一条河两边的也不能通话，一个县城城里和城外的不能通话，这就是地理条件所致。

我们说古代一个地方的文化表现最突出的其实不是什么观念，或者什么儒家的观念，或者道家的什么观念，而是他们的衣食住行。我曾经归纳过，地域文化的特点是表现在方言、民间日常的饮食、民居——就是老百姓住的房子，还有民间的信仰，还有婚丧节庆、服饰等。而不是像我们现在讲的，我这个地方文化特色——勤劳勇敢，尊老爱幼。哪个地方不是这样的？不勤劳的话不早完了吗？你说尊老爱幼，那什么叫尊老爱幼？一定要讲出你的地方文化特色，你就要讲出来你这里的尊老爱幼和我这里的比有什么特点，你有我没有的，这才叫地方文化。

正因为这样，我们读《史记》的时候，都可以看到司马迁曾经引用当时的谚语，叫作“百里不同风，千里不同俗”，那就是说你走一百里路这个风就变了，不同了，你走一千里路这个俗也不同了。

风跟俗是不同的。“风”我把它解释为时尚，时尚变化很快的。以前哪怕一个比较封闭的、保守的年代，我注意到我那些学生怎么突然之间穿鞋子鞋带不系了，把“舌头”塞在里面，我说你干吗？他说现在很流行，这叫时尚。过了一段时间，他又把带子系起来了。我说为什么现在又系起来了？他说现在系带子是时尚。一会儿裤脚要小，小到包不住，再过一段时间又流行喇叭裤了，这就是“风”。

那么“俗”呢？俗就已经形成了习惯，形成了习惯以后就比较稳定，所以往往一千里路的范围里面大家的俗都是一样的，而且俗往往就变成一个观念，变成行为的方式，所以它就比较稳定，时间一长这就成为我们讲的“传统”。

今天很难处理这个现象，成都今天流行什么，可能同时上海、纽约都看到了，如果这个流行是大家能够接受的，马上就成为比较普遍的，这就不是你的地方特色。你看现在实际上流行什么？1949年前，上海市和纽约是一个月的差距，为什么呢？因为那个时候主要不搞飞机，是靠船的，所以纽约有什么电影片或者什么东西，它一个月以后就到上海了。那么现在呢？大片上影是同步的，对吧？

比如饮食，以前四川吃什么？有的时候受到条件的限制，所以就有了自己的特色，而其他地方因为不可能一下子就吃得到。我记得我第一次到美国去，1985年，我们想到中国商店去买点东西，看到有辣酱，但仔细一看，虽然它说是四川辣酱，但是是在台湾桃园县生产的。为什么呢？因为美国当时还不可能直接从四川进口。而那些到台湾的人，要吃四川辣酱，只有就地生产。而今天“老干妈”在美国很普遍。

所以，在今天的条件下，要靠衣食住行来保持一个地方的文化，不可能。而一些观念形态，包括艺术时尚都可能在同步发展，如果有优势，很快就会成为全国性的或者全球性的，当然它往往是一种风，要真正变成俗还不能够。

但是再一想，这也为我们保持一种地方的生活方式、地方文化创造了条件。比如四川吃辣椒这是清朝的事情，辣椒是到清朝才大规模传播到中国来的，明朝的时候很少吃辣椒，以前只有花椒，中国是没有辣椒的。但是现在呢？有办法，如果本地没有，可不可以去外地寻求呢？成都人喜欢吃兔子头，要是以前的话，把本地兔子头吃完，那么这个风俗就保持不下去了，现在没有关系了，欧洲的兔子不都运来了吗？当然再不行，再扩大生产，多养一些兔子，也可以。

所以，从这个角度讲，今天的现代化、后工业化，包括互联网，又为我们自觉地保持某一种地方性的生活方式，以及我们自己的信念、我们的价值观念也倒提供了有利的条件，这个是两个方面来看。

那么在这种情况下，更加需要我们自觉，因为不自觉的话，随波逐流的话，城市里的生活方式，曾经这些文化、这些时尚，自己就放弃很快，就把人家的接受过来，对不对？或者我们整个城市就把它毁掉，我重新建一个。所以你必须要有自觉。

那么在这种情况下，我们就要明确，我们今天讲的我们城市的文化，或者我们城市的传统，它到底是通过什么来传承的？如果这个基础不保存，那么要想保持地方文化，特别是保持地方文化的优势，是做不到的。

我将其分为两个方面，一个城市的传统以及它的本质，一个物质方面。物质方面有哪一些呢，我把它分为几个：

一个是这个城市的标志性的建筑，也就是这个城市它有一个塔，你如果把这个塔毁了，那么它的标志性建筑就没有了。当然不一定是一个塔，有的城市它是某一个建筑，某一个艺术品，某一样东西，一般的城市特色通常都是这个。以前我们建的民居都一样，因为民居是满足需要，不是标志性建筑。那你跑到欧洲的城市看到都差不多，但是它的标志建筑是什么呢？往往是教堂、市政厅或者博物馆。所以如果一座城市要保持，从物质条件讲，一个是它的标志性建筑。

第二个是什么呢？街道网络。我们现在到意大利、西班牙或者到英国的小镇、小城去，走进去觉得古风犹存，其实有的建筑也变了，但是基本的街道网络还是保持下来了。那为什么到我们这些城市有的就没有呢？我们本来三条街，就把它盖成一个大广场，五条街把它变成一个八车道的大马路，那这个城市怎么保存？把一个城市基本的网络，原来城墙里面的那些小街小巷基本网络保持住了，哪怕旁边建筑更新了，那基本上这个城市还在。

那为什么保不住呢？一是那些有权力改变城市面貌的人他没有文化或者没有这种意识。还有一个，就是我们过早地消灭了私有住房。不是有一个故事吗？德国的国王要动那个磨坊，磨坊的主人就是不卖给他，国王都拿他没有办法，为什么？这是私有财产。所以你到欧洲也好，我到阿拉伯国家去也好，有些弯弯曲曲的小巷子，只容一个人走得过，为什么保存下来呢？因为两边都是私人住房，动不得的。我们原来城市里的小巷子两边大多数住房都是私人的，那就动不了。我们到了城市社会，一改造，基本上就改成公房了。那很简单了，今天要把马路拓宽，晚上住在这里，明天早上推土机就过去了。

所以这个城市，它本身的物质条件就是有标志性建筑，还有城市街道的网络，包括它原来的城墙。

还有一个城市里面天然的水系。原来很多城、很多镇发展的都是河网，像我们小时候，走到前面就有河，房子的背后也是河，船可以开到这里，你马上可以上船，买什么东西都是靠船的，交通都是靠船的。现在都把河填掉了。

苏州，原来有人称它为东方威尼斯，你现在再看，它哪像威尼斯？剩下的河没有几条，而且都是臭水，这两年稍微恢复了一点。但是你到真的威尼斯去看，它全部保留下来了，所以现在还是这样。威尼斯很严格，火车不能进城的，汽车也不能进城的，原来大大小小的河都还在，那么就保存下来了。所以这是一方面，是物。

但是光有物不行的，还要有人，那就是能够传承这个城市文化的人。一个地方，你说这个人，刚才不是讲王笛先生是研究成都文化的学者，如果这个地方老的文化人都传承不下来，最后都靠一波外国人来研究成都，都靠外地人来说成都怎么样怎么样，那这个文化怎么传呢？它需要一些人。那么这些人有两个任务，一个是传，一个是承。

有些文化的确今后传不下去了，因为对于人来讲，生命总是有限的，那么就要及时地把它记录下来，有条件的让他带徒弟，那他的记忆就传承下来了。还有一些注定是小众的，比如今天的某一种技艺，如果要它自己维持经济效益是不可能的，那怎么办呢？就应该有公众，有纳税人或者有财力的人来资助他们，让他不要自己去找解决谋生的手段，而是供奉在那里给他任务，目的就是把这种文化、这个手艺什么的传下去。这样才保存得了。

现在，一方面非物质文化遗产都在争，你这个城市有五项，我这个城市有八项，他有一百项，以至于现在出现了造假的、伪造的。但另一方面，非物质文化遗产又没有把它真正地传下去，要靠自己养活自己，给你一个月五百块钱的津贴，五百块钱光够吃饱饭，其他的就不行了，那怎么办呢？自己去演出，自己去卖东西，那么为了适应市场，本来不用话筒的也用上话筒，本来没有伴奏要了伴奏了，还有其他的包装……那这还是原来的非物质文化遗产吗？已经变了。

你看日本有些民间技艺就保持得非常好，有这个技艺的人被称为“国宝”，非但保证他衣食无忧，而且给他比较好的待遇，但并不要求他自己去演出解决谋生，就是为了保住技艺的纯粹性，再带两个徒弟就行了。这才是真正的保存。

我们有误解，就是认为值得保存的都必须是今天先进的、是有用的。从文化“传”这个角度，从历史“传”这个角度，不必考虑它是不是先进的，也不必考虑它将来还能不能起作用，它就是化石也要把它保存。

因为，一方面不管它怎么样，它是我们这个城市、我们文化历史的一部分，哪怕它是落后的、迷信的，也得让后人知道我们曾经走过这样的一个时代，这样的一种文化曾经起过作用。

第二方面，不一定今天认为它落后了，它就是真的落后。古人有些智慧我们今天不能够理解，那先留着。匆匆忙忙把它都去掉了，那将来是没有办法恢复的。为什么呢？因为人类的物质文明、物质文化是不断进步的，但是人类的精神，某一个天才人物、杰出人物他所达到的高度，也许后来的人没有办法超越，甚至不能理解。不要说是文化，就是科学，你看爱因斯坦当年他自己提出引力波，后来自己怀疑是错的，但现在证明没有错。如果因为爱因斯坦自己说错了，那我们把有关引力波的信息和资料全部毁掉不再保存，还有今天吗？

很多地方的民间有些意识，有些观念，有些记忆，有些文化，不要轻易地定义它是先进还是落后，有用还是没有用，从保护的角度来讲，有办法的全部都要保存下来。当然推广、运用那就要谨慎，那就要适应今天。

总而言之，从城市的物质方面，如果注意保存，还有从城市人的方面，把一些重要的文化传承人，把他们所传承的文化保存下来，那么这样这个城市地方的特色文化才能够得到延续，才能够得到弘扬，而今天我们有这个条件。但今天缺的是保存地方特色文化的自觉。

也有人对我说的质疑，说你把一个老城市街巷的脉络都保存了，那怎么适应新要求呢？很简单，把新城建到外面去，把老城保存下来。这个老城的价值将来一定会超过那些新建筑，而且随着时间的推移会越来越宝贵。

我爱这个城市的理由

阿来 文

前年这个时候吧，突然，经常作怪的胆突然从B超机荧幕上消失不见了。虽然可以肯定它没有从肚子里破壁而去，但随便哪个医生来也找它不见。诊断是那个分泌胆汁的小皮囊像沙漠里的湖一样，神秘地干涸了。

医生的建议，打开肚皮，拿掉它，不然，这东西不止是望之不见，还可能引起复杂的病变。术前准备的时候，我在床头上放了好多本书，认真读，并在电脑上敲打读书笔记。一方面当然是自己该读书时没有读书的机会，身体中的器官都开始衰退时，才在这儿恶补。更重要的还是让自己分分心，不要去想象自己被剖开肚皮时的难过时刻。想到自己生下来那么浑然天成的身体最柔软的部分将要被锋利的刀刃轻快划开，心头不时掠过隐约而锐利的恐惧。

这念头实在挥之不去，看书也不能将其忘记时，只好出去走路，身体疲惫后，入睡似乎要容易一些。术前的夜晚，更要出去走路。那夜，走在锦江边上，突然从朦胧路灯光芒中嗅到一股浮动的暗香。于是，不由自已地停下来，深深呼吸，让那令人神怡的香气充满心胸同时，还将自己薄薄地环绕。此时，幽暗的锦江水上浮动着两岸迷离的灯光。于是，心安。于是，拨开树丛见到了那树早开的蜡梅。

那一夜，回到医院也睡得空前安详。

我是一个爱植物的人。爱植物，自然就会更爱它们开放的花朵——这种自然演化的一个美丽奇迹。因为，植物最初出现在地球上时，是没有花的。直到一亿多年前，那些进化造就的新植物才突然放出了花朵。虽然，对于植物本身来讲，花意味的就是性，就是因繁殖的需要产生的传播策略。但人从有最初的文明以来，就在赞叹花朵匪夷所思的结构，描摹花朵如有神助的设色，提炼或模仿令人心醉的花香。

读书的习惯没有让我心安，而爱植物、爱花的习惯却助我渡过了一个心理上的小难关。

有了这个经历，术后出院，第一件事情，就是想在春寒料峭中去看梅花。

这件事让我又明白一个道理：一个人是可以对一件事情上瘾的，尤其是当这件事情无论里里外外，都显得美好。

是的，我就对观察和记录植物上瘾已经好些年了。有朋友友善提醒过我，不要玩物丧志，但我倒自得其乐，要往植物王国里继续深入。文字记录不过瘾了，又添置了相机，学习摄影，为植物们的美丽身姿立此存照。这么做有个缘故，我曾对记者说过，我不能忍受自己对置身的环境一无所知。这句话写到了报纸上，有人认为是狂妄的话，我却认为这是谦逊的话。这个世界就是如此，人走在不同的道上，对世事的理解已可以如此南辕北辙，如此相互抵牾。我的意思并不是自己能通晓这个世界。我的意思是生活在这个世界上，我就要尽力去了解这个世界。既然身处的这个自然界如此开阔敞亮，不试图以谦逊的姿态进入它，学习它，反倒是人的一种无知的狂妄。

这个世界对一个个体的人来说，真的是太过阔大。我开始观察植物的时候，也仅局限于青藏高原，特别是横断山区这一生物特别丰富多样的区域。这不仅因为自己在这一区域出生、成长，更因为这是我写作的宝库，这许多年来，我不断穿行其间。就在这不断穿行的过程中，有一天，我突然觉悟，觉得自己观察与记录的对象不应该只是人，还应该有人的环境——不只是人与人互为环境，还有动物植物构成的那个自然环境，它们也与人互为环境。于是，我拓展了我的观察与记录的范围。

这样直到2010年，旧病发作，进医院，手术，术后康复。一时间不能上高原了。每天就在成都市区那些多植物的去处游走。这时蜡梅也到了盛放的时节。我看那么馨香明亮的黄色花开放，禁不住带了很久不用的相机，去植物园，去浣花溪，去塔子山，去望江楼，将它们一一拍下。过了拍摄的瘾还不够，回去又检索资料，过学习植物知识的瘾，还不够，再来过写植物花事的瘾。这一来，身心都很愉悦了。这个瘾过得，比有了好菜想喝二两好酒自然高级很多，也舒服很多。

自从拍过蜡梅，接着便大地回春，阴沉了一冬的成都渐渐天高云淡。玉兰、海棠、梅、桃、杏、李次第开放，也就是古人所说春天的二十四番花信的接踵而至。于是，我便起了心意，要把自己已经居住了十多年的这座城中的主要观赏植物，都拍过一遍，写上一遍。其间，从竺可桢先生的文章中得来一个词：物候。便把这组原来拟命名为成都草木记的文章更名为《成都物候记》一一写来，加上自己拍的照片，陆续发在我的新浪博客上。没想到就有网友送上称赞，甚至订正我的一些谬误，更有报刊编辑来联系刊发。本来是在写作之余娱乐自己的一件事情，居然有人愿意分享，这对我也是一种鼓舞。本来计划一年中，就把成都繁盛的花事从春至秋写成一个系列。也许是做这件愉快的事情，身体康复也比预计快了很多，我这个不能在一个地方待着不动的人，便频繁离开成都，去深入青藏高原，去国内国外开阔眼界，出去一次回来，往往已错过了某种植物的花期。以至于一年可以完成的事情，竟用去了两年时间。即便如此，还是有几种该写的还没有写，就有凤凰联邀约结集出版，若有补写，也要待到有机会重版时加入了。

曾经读到过美国自然文学开创者之一、环保主义者先驱的缪尔的一段话：如果一个人不能将爱置身其间的这块土地，那么，这个人关于爱国家之类的言辞也可能是空洞的，——因而也是虚假的。此时我在上海出差，农历新年初七，杜甫当年在成都写“草堂人日我归来”那个人日，不在自家书房，无法查到原话，但大意如此，不会错的。

我在成都生活十多年了，常常听人说热爱成都的话，但理由似乎都比较一致地集中于生活享受的层面。我也爱这座城市，但我会想，还有没有别的稍离开一下物质层面的理由。即便是就人的身体而言，似乎眼睛也该是一个不能忽略的重要感官。而且，眼睛这个器官有个好处，看见美好的时候，让我们反省生活中何以还会有那么多的粗陋，可以引导我们稍稍向着高一点的层面。帕慕克说过：我们一生当中至少要有一次反思，引领我们检视自己置身其中的环境。

我觉得，自己写这组这座城市的花木记，多少也有点这样的意义在。

因为，这不是纯粹科普意义上的观察与书写——虽然包含了一些植物学最基本的知识，但稍一深入，就进入了这座城市的人文历史。杜甫、薛涛、杨升庵……几乎所有与这个城市历史相关的文化名人，都留下了对这个城市花木的赞颂，所以，这些花木，其实与这座城市的历史紧密相关。驯化、培育这些美丽的植物，是人改造美化环境的历史。用文字记录这些草木，发掘每种花卉的美感，同时也是人在丰富自己的审美，并深化这些美感的一个历程。在教育如此普及的今天，我们反倒缺乏美的教育。文学的一个重要功能，就在于这种美的教育。我想写下这些文字，如果不能影响别人，至少也是写作者自己的一种自我教育。

以自己的慢来对抗世界的快

翟永明 文

成都是诗人之城，成都也是艺术家之城。这就是说，这个城市的诗人和艺术家数量比较多。20世纪80年代以来成都诗人一直占据当代诗歌的先锋位置，从诗人到诗歌创作数量，再到诗歌流派的影响力，都使得成都成为中国当代诗歌的重镇。同时也形成成都独特的文化氛围。而成都的艺术圈，从80年代的先锋地位到现在的当代艺术架上绘画大本营，成都的油画群体在全国独领风骚。这就是成都的文化范儿，文化气场。

成都的气场对我个人有重要影响。要说滋养吧，成都的生活绝对提供滋养。生活节奏缓慢，气候舒适、温和，有更多的时间来体会生活，不是匆匆忙忙对生活浮光掠影，可以慢慢

品味生活，比较接近古代的生活方式。此外，成都生活便利，生活成本相对其他城市低廉，这也是一个诗人理想的寄居地。

白夜创办之初，我曾经希望能把它开成一个像法国巴黎的“花神咖啡馆”一样的酒吧。让白夜成为一个诗人、艺术家聚集之地，让这儿成为一个沙龙式的艺术中心，成为朋友们的精神家园。十二年之后我写了一本《白夜谭》，写的就是这十年中围绕白夜的各种点点滴滴的趣事，以及成都朋友圈子中的最有意思的人和事。也可以说，白夜的成长与成都这十来年的发展是同步的，所以，你也可以从《白夜谭》中读到成都的街区文化发展史，其中也包括了成都的酒吧发展史。

成都本土的享乐文化，是很难被改造的。如果深入到成都文化核心，那种个性化的，对本地特色的执着；一直隐隐地，缓慢地改变着舶来文化。而后者，最终也只能屈服于这样一种会被归结为“盆地意识”的东西。“颓废”二字，是成都诗人最爱提及的；80年代，成都诗人万夏写过一句诗：“成都，仅你腐朽的一面，就足够我享用一生。”人、诗，都足够颓废的。这让导演贾樟柯也叹为观止，将其用在自己的电影中。的确，这句诗也符合成都这座城市的气质。

从成都的地方志和成都城市历史去看，普通市民一直喜欢街头生活。在作家王笛《街头文化》一书中，曾详尽地描述过成都30年代的街头文化。他举传教士威尔的话说：“这个城市好像有数不尽的方式，让他们通过做小生意来谋生。”他又说“他们为城市生活带来了极大的生机”。进入现代化后，个人和公共空间与30年代相比，肯定有很大的改变。但是，即便在最现代化和最富裕的城市里，固定的商店和流动的小商小贩，都是现代都市的组成部分，把城市的商业空间和居民的生活空间，连接在一起。如纽约街头，那些五花八门、形形色色的摊点，那些乱七八糟、来自世界各地的小商小贩，构成了纽约最有活力和最生动的生机。说实话，洁净美丽的城市终不免乏味，就像我去过的一些地方，比如一些北欧城市，漂亮而沉闷，一尘不染但又无人问津。每当这种时候，我就宁肯去一个相对贫穷一点、但却有蓬勃生命力的地方。

成都这座城市的现代化，如果牺牲这些与现代社会一起生长的城市因素，实际上也失去了这座城市的风格。在成都，正是由于有太多的街头生活，可以看到富裕阶层和平民阶层的差别不是太大。成都人喜欢吃，不讲究排场，重要的是味道，所以他们对饭馆的装修不太讲究，味道好是最重要的。所以，在成都有一些也能吸引人，卫生不怎么样，味道不错的饭馆。所以你会发现，骑自行车的和开宝马的，会挤在一起吃小餐馆。有一次，我与一位香港回来的从头到脚穿着上万元“三宅一生”品牌的成都女孩，挤在一家“苍蝇馆”吃两元钱一碗的凉粉，我一直担心凉粉的作料沾到“三宅一生”衣服上。这种现象背后的心态是，在成都人看来没什么大不了的，你钱很多我也不会太关注，也不会太羡慕，也不会特别想着挤进那个阶层。成都人在这方面不会有太大的动力，他们只想着过好自己的生活。

很多调查都说，成都是一个幸福指数很高的城市。其原因很大程度上就是城市的氛围让成都人比较容易活在当下。二千多年前都江堰的建成对成都的命运是决定性的，这里自从都江堰解决水利问题之后，很少有大旱大涝，一直就比较富裕。就像这次西南千年难遇的大旱，成都也一点没受到影响。在我们成都人看来，这样一种富庶真的像老天赐予的一样，重要的是它从来没中断过，当然在某种程度上看，也有点靠天吃饭的味道。正因为成都从来就是天府之国，所以不会对外面世界有太大的羡慕。这里的人心理状态比较平和，生活满意度高，幸福指数也比较高。从负面的方面讲，在成都的确容易消磨斗志，不思进取。不过，在我看来，当代社会最大的问题是生活变成次要的东西，人们不再有时间来细细体味生活。但生活在成都，这样一个“以自己的慢来对抗全世界的快”的城市里，人们就有机会来静心面对自我，享受当下的生活，细细体会生活本身的魅力。

1990年，我在纽约居住时，非常想念成都。其实我最想念的是成都的生活方式：“朋友们不打招呼，把门一推就走了进来”，这是80年代的生活方式。90年代我回国后，就发现这样的生活方式发生了变化。但是，我们有了新的生活方式，那是一种慢节奏的休闲。我和朋友们闲散、快乐；没有太多的钱和太多的工作，但是有太多的时间需要消磨。我们有时会开车几十里，到郊区一片油菜地里，坐在菜花丛中喝茶。说起来，这已经是上一世纪的事了。

而现在，我与朋友的交往，大多数时候依赖电话、短信和微信，尽管我们住在同一城市，而且是半小时乘车可以穿过全城的成都。“不打招呼，把门一推就走了进来”，现在，是一种不礼貌、不顾及别人隐私的行为，连我自己也如此认为。开车出门到油菜花中，去喝茶，是一个多么奢侈，已经被我盼望已久，但好几年都没有实现的愿望。朋友见面，也成了一个浪费别人时间的事情。成都，一个被普遍认为闲散的城市，在这里，我同样开始感受到它正在不可逆转、快起来的脚步。

民国时期成都的娱乐生活

王笛 文

现在中国城市公共场所，大妈跳广场舞是一个随处可见的景观，这种在公共空间里休闲的方式，并不是改革开放以后开始的，自古以来，中国城市居民就喜欢在街头娱乐。

在法国学者谢和耐（Jacques Gernet）研究13世纪杭州的日常生活，指出“市民就可以在街头看到很多的娱乐表演”，如变戏法、木偶、灯影戏、说书和杂技等。人们还可以看到许多流行的戏曲，“看戏的人们拥挤在一起”。各种娱乐形式使城市生活“与城外农村的贫困和农民艰苦、单调、俭朴的生活形成了鲜明的对比”。

在过去的成都，由于缺乏娱乐设施，市民们也喜欢聚集在市场、空坝、街角、桥头以及庙前庙后等找乐子。这些地方对一般百姓无论是居民还是外来者都没有什么限制。

他们邀约三朋四友，在桥头巷尾打发时间。正如竹枝词所描写的："呼郎伴妾三桥去，桥底中间望四川"，或者是"安顺桥头看画船，武侯祠里问灵签"。

斗鸡、斗蟋蟀及各种儿童游戏等活动经常在街头或其他公共空地上进行。斗蟋蟀在农历八月间最流行，小贩们把蟋蟀和南瓜花装在一个稻草编的小笼子里出售，他们总是吸引不少小孩争相购买。

三教九流聚集在新南门附近的"扯谎坝"，那里成为江湖艺人、杂耍、卖打药、诈骗术士等的聚集地，也成为下层民众的娱乐中心。在其他中国城市也有类似扯谎坝这样的地方，如天津的"三不管"和北京的"天桥"等。

庙前空地也经常用作大众娱乐和社会活动的中心，如白马寺、武侯祠、雷神庙等。人们喜欢在茶馆、饭店、酒馆里聚会，尤其是在节日期间，喝酒吃饭的同时也欣赏民间艺人的表演。

地方当局甚至对八旗绿营的训练场地也基本放任不管。成都有东南西北四个较场，除了军队操练的时间外，居民可以在任何时候使用这一空间。居民对附近的军营似乎并不在乎。

日本人山川早水发现一个有趣的对比：街的一边是市民们的悠闲自得的生活，而另一边的较场兵士们却在紧张地骑马射箭。西较场专为八旗兵、东较场则专为绿营操练之用，当街上带着弓箭和火枪的官兵骤然增多，市民们便意识到一年一度的会操又要开始了。

满城中的满营总是吸引市民们的好奇：

锦城东角列营房，细柳新栽护较场。

每当天光初擦粉，数声军乐最悲凉。

川省的武举考试也在较场举行。除了会操和武举考试，一年中的大部分时间较场便成为市民的游乐场。一首竹枝词描述了市民是怎样使用东较场的：

两会大操东较场，风筝放过又乘凉。

茶瓜买向平芜坐，演武厅前话夕阳。

街头也是孩子们游玩的场所。春天，孩子们聚集在东较场比赛放风筝，经常在风筝上画些美人或马羊等动物的图案，外人认为“最有意思的是风筝相斗”。

传教士B.布若克曼（Brace Brockman）对孩子们玩放风筝有一段生动的描写：一个乡下孩子在城墙外河边放风筝，风筝上画着一条有红色鳞的鱼。一个在城墙里的孩子，拉着一个鲨鱼形状的风筝，上面绑有一个利器，追逐乡下孩子的风筝。两个风筝线绞在一起，城里孩子熟练地把自己的风筝线围着乡下孩子的风筝缠了几下，然后轻轻一拖，城里孩子把对方的风筝线割断了，那鱼形风筝便成为他的猎物。

扯响簧是过去成都小孩最经常玩的玩具之一，直到20世纪60年代仍然十分流行，可惜今天一般只有杂技演员用作表演了。据《成都通览》，“响簧以竹为之，用绳扯之，其声瓮瓮。小儿过年，争相购买。每逢腊月十六日起，四乡之业是者，均入城开售”。这里也说明此类物品，大多由乡村农户制作，然后入城销售，从一个侧面反映了城乡的依赖关系。

孩子们对手工工匠、小贩和民间艺人等在街头的活动非常感兴趣。木偶或猴子在街头的表演吸引许多小孩围观。他们还喜欢在街头看“西洋景”（即通过一个小孔看盒子里的图片），内容多是战争场面、杂志上的外国风景，甚至所谓色情的“春宫图”，因此成年人也经常成为“西洋景”的顾客。

然而晚清时期，孩子们也被告知在街上碰到“洋人”时要尽量避开。一旦看到外国人走进街口，充满疑惑的父母会立即把自己的孩子拽回家。外国人经常看到“孩子们的衣服背后缝着一块绿色的补丁，上面带着一个红色的十字。这是因为人们相信外国人非常敬畏红十字，不会伤害带红十字的小孩”。

显然，这种行为反映出成都居民对外国人的恐惧，这也暴露出当时成都市民的排外情绪。在辛亥革命前夕，英国总领事在其照会中表示对孩子们佩带这种红十字的关注，四川总督则表示制定措施避免麻烦。

关于神秘魔咒的传言并非成都独有。据孔飞力《叫魂》所引《北华捷报》的报道：剪辫人的谣传到处蔓延，“有人看到死人正披头散发地在街上行走，有的把辫子拿在手中。表明人们对外国人和其他可疑人等的出现相当忧虑。……几乎所有的孩子都在他们衣服的领子上挂了一个红色的小包，或者在黄布条上写几个字，系在孩子的头发上”。

成都街头经常用来作为戏剧表演的舞台，以低廉价格吸引很多观众。一些流动班子甚至不用寻找真正的舞台，而喜欢在围满观众的空地上表演。地方戏是最受欢迎的娱乐形式，成都每年农历二月就会“沿街演戏”，称为“春台戏”，也称为“春戏”或“花灯”。

社区、邻里或行会出钱组织这些活动。正如一竹枝词所云：

庆云庵北鼓楼东，会府层台贺祝同。
看戏小民忘帝力，只观歌舞飏天风。

人们只要寻着锣鼓的声音，就可以找到演戏的地方，聚集的观众在街道两旁站着或坐着观看表演。

由于有许多妇女也出来观剧，这吸引不少男人眼球，因此有人认为那些男人并不关心剧情，而更注意围观的女人。

很多地方戏在庙堂前、行会或会馆演出，各会馆一般都有固定的戏台，被称为“万年台”，这些地方一年到头都有庆典活动。当地居民把这种演出称为“坝坝戏”，因为观众总是带着自己的凳子到街头空地或坝子里观看，据称是“千余台戏一年看”，虽然这个说法可能有点夸张，但也的确反映了街头演戏的盛况。春戏不仅吸引众多成年人，也吸引了小孩，以至于有人抱怨孩子们看戏太多，而耽误了学业。

地方戏的主题通常是浪漫的爱情、历险和神奇人物的故事，也有一些英雄和美人的历史传说。地方当局很少干涉这些演出。地方戏剧把儒家的忠、孝和贞洁等观念逐渐灌输给观众，对下层民众的价值观产生了相当的影响。

人类学家华英德（Barbara Ward）便指出：“戏剧是中国文化和价值观的具体表现”和“非常成功的老师”。尽管当局在大城市里比在乡村用了更多的力量控制地方戏剧，但是精英们仍然对地方戏中的非正统思想无能为力。

例如有一部名为《碎银瓶》的戏，讲的是晚明张献忠起义时，一个将军与侍女的爱情故事。这种介于正统与非正统之间的戏，在大众中也颇有市场。正如姜士彬（David Johnson）所观察的陕西目莲戏一样，地方戏及其相关的仪式逐渐成为“传统中国非精英社会两个最重要的公共机构”。

虽然大多数成都的戏曲是世俗的故事，但像《目莲救母》这样的与民间宗教联系紧密的地方戏也非常受欢迎。成都演《目莲救母》之戏，称为演“大戏”，又称“打叉戏”。按例每年农历二月中旬后在北门外成都县城隍庙前“以巨木扎台演唱”。

有略本和详本两种，前者演十余日，而后者可唱至月余。目莲救母载于佛经，事本出于印度，但后来竟然成为中国传统故事。该戏有各种版本，情节也各异，但其基本结构是：目莲之母因违背佛规，被阎王抓到阴间施以种种酷刑，修成正果的目莲赴阴司救母。

演目莲戏的特点是舞台和观众经常没有明确界线，给人以身临其境的效果。如耿氏自缢一幕，“以巨木悬耿氏者，撑出台外。饰缢鬼者，状尤惨狞可怖，从正殿上直出，由人丛中呼啸登台”。

戏中的打叉“绝技”很受欢迎，掷叉者“命中之技，不差累黍”。有时掷叉者还故意恶作剧，以纸做的叉扔向人丛，以惊吓观众。在演刀山时，以巨桅耸立场中，桅身横束大刀数百柄，桅顶置一木板，纵横仅二尺许，刀口皆向上。上刀山者，赤其足，以刀口为梯，蹑蹑而登，在板上作种种行态。

一般在戏台外还扎有一个“游台”，每一幕结束后，必有数人敲锣打鼓沿游台一周，下一幕方开始。从这些对目莲戏的描述看，场面大、时间长、效果逼真，对观戏者有相当的震撼力，这可能便是目莲戏经久不衰的原因之一。

据晚清知县周询所写《芙蓉话旧录》称，每年春演目莲戏是因为当地人们相信，这个戏可以“祓除不祥”，如果不演的话“则凶杀之案必多”。

在成都，川剧无疑占有统治地位。不过其他各地的文化在成都也并非毫无位置，移民们带着他们的地方戏来到了这个城市。

例如，当会馆建成或行会庆典时，就会雇一些和尚来举行祭奠仪式和演戏若干天。陕西会馆便以演戏著称，如一首竹枝词所云：

会馆虽多数陕西，秦腔梆子响高低。
现场人多坐板凳，炮响酧神散一齐。

成都对陕西梆子很感兴趣，每有演出，观众们或是坐在长凳上或是站着观看。一般是爆竹声响三声，演出就要开始。每个会馆演戏都有自己的规矩，陕西会馆演出最准时，如果戏班不能在爆竹响起时开演，今后将不再允许在此演戏。

街头除了成为真正的演出舞台以外，也被用作学者所称之为“街头剧场”（street theaters），人们在社会这个“舞台”上扮演着各种不同的“角色”，街头成为日常生活、娱乐、甚至政治抗议等活动的场所，反映出城市社会生活的“社会戏剧”。

这样的“社会戏剧”展现了城市民众与公共空间之间以及他们与街头文化之间的关系。对于外来观察者而言，街头的人们——他们的表情、语言、姿态、服装样式以及行为——是一出无穷无尽的现实生活的戏剧。

真正的街头表演通过剧情与观众的结合来营造戏剧的氛围，正如姜士彬对目莲戏的研究所证实的，戏剧向街头或场地的扩展，对观众而言故事变得更加真实。街头成为戏曲布景的一部分，从而将观众引入剧情，成为城市中每天都在上演的社会生活“大戏”的活跃角色。

现在街头娱乐的形式已经没有过去那么丰富多彩，从一定程度上来说，传统的、自发的、免费的公众娱乐，被现代的、商业的、收费的室内娱乐所逐步取代，地方大众文化日益被千篇一律的全国的统一文化所征服。

杜甫的茅屋与中国诗歌传统的脉流

吉狄马加 文

在这个美好的季节，有这么多来自世界各地的诗人相聚在中国，相聚在成都，相聚在杜甫草堂，我认为这本身就是一个诗歌的奇迹。在此请允许我代表中国作家协会和本届草堂国际诗会组委会，向远道而来的各位诗人朋友们表示热烈的欢迎，向为本届诗歌节的成功举办，并为之付出辛劳的各相关机构表示衷心的感谢。

同时，我还要借此机会向对诗歌始终抱有热情，并将诗歌视为自己生命和生活中永远不可或缺的家乡人民致敬。

朋友们，中国国家主席习近平提出的“一带一路”宏大构想，其核心思想就是构建人类命运共同体，让生活在这个世界不同地域的人们，最大程度地获得共同发展的机

会。避免冲突，消除贫困，让和平与发展真正成为这个世界面向未来的不可动摇的方向，建立一个更加合理的世界格局和新秩序，既是和平与发展的需要，同时也是今天人类在全球化背景下必须共同面对，并要加以解决的问题。我相信，只要在一切爱好和平的各国人民的共同努力下，我们人类的明天和未来将仍然会令人期待而充满光明。

朋友们，无论是在中国还是在外国，总有一些伟大诗人生活过的地方，被后人视为尊崇的圣地，但像杜甫草堂这样的地方，在中国文人和民众的心里更具有一种特殊的地位。

所谓草堂，其实就是一间茅屋，但在这一千多年被时光所雕刻的中国精神史上，这间曾是现实中的茅屋，却毫无悬念地成了有关中国诗歌黄金时代最重要的符号之一，这一符号既承载着中国诗歌传统中的一条重要的脉流，同时它还寄托了此后无数诗家对先贤的致敬和怀念。毫无疑问，伟大的杜甫代表了一种传统，因其崇高的儒家仁爱思想和强烈的忧患意识，他的诗见证了他所置身的非凡和动荡的现实，其诗作内容的深刻性和技艺的精湛，都是那个时代无人能与之比肩的。这位被誉为“诗圣”的诗歌巨人，不仅在当时的中国诗歌史上，就是把他放在那个时期的世界诗歌史上，同样也是一座巍峨的高峰。杜甫一生都在游历之中，历时长达几十年，他的重要作品都是在客居他乡时写下的，尤其是在蜀地生活时，留下了许多经典，其中《春夜喜雨》《茅屋为秋风所破歌》《蜀相》等都已经成为千古传颂的名篇。而作为一个一生都伴随着苦难和不幸的现实主义诗人，其创造力的丰沛也是他的同代人不可企及的，尽管一直处于颠沛流离的境地中，但他还是为我们留下了一千五百多首光辉的诗章。

这间茅屋既是现实又是想象，它在一代一代中国诗人的追寻中，成为了被共同视为珍宝的集体记忆。杜甫写下这样的名句：“江山有巴蜀，栋宇自齐梁”，这难道是偶然的吗？回答是肯定的，当然不是。巴蜀之地的自然灵气，对人及万物的孕育滋养，曾创造过无数的奇迹以及足以让后人赞叹的辉煌，而诗歌在这片广袤的土地上，就如同千里沃野种植的粮食，以它似乎并不引人注意的姿态和谦恭，为我们这个朴实敦厚的民族提供了如此丰富的精神营养，这在世界民族发展史上也是不可多见的。如果我们去翻阅一下中国文学史，就会发现在中国历史上许多伟大的诗人都与巴蜀之地有不解之缘，而这片土地从某种意义而言，也成为这些诗人精神上的又一个摇篮。

说我们是一个诗歌浸润的民族，那是因为诗歌在很多时候代表了这个民族精神的高度，而对此没有人表示过任何的怀疑。今天的草堂国际诗歌大会，就是一个最好的证明，来自四面八方的诗人汇聚在这里，共同来捍卫和守护人类诗歌的理想。而在此时此刻，我以为那间现实和想象中的茅屋，就是由我们诗歌和精神所构建而成的神圣殿堂，我想任何狂风和暴雨都不可能将它撼动，没有别的原因，那是因为这间茅屋的根基已经深深地扎入了人类自由、正义而永远不向任何邪恶势力低头的灵魂，也正因为这个原因，我们才将诗歌的火炬一次又一次高高地举起，并始终对就要来临的明天抱有信心，人类美好的未来必将时刻会有诗歌相伴随。精神不灭，诗歌不朽！

一峰草堂

岱峻 文

著名国画家吴一峰当年的斋堂——位于成都市石灰街附近的“一峰草堂”，曾是抗战期间成都的一处画家聚所，它见证了一个时代的辉煌与衰落……

而今，一峰草堂早已湮没在车水马龙的都市丛林中了。吴先生当年在寓所外树立过一块“平湖路”路牌，曾被误为“平福路”流传了几十年后，也在城市拆迁中消失了。

2000年，吴一峰的家乡浙江平湖，仿成都“一峰草堂”建了一座吴一峰纪念馆，已成当地名胜。

构建

1939年6月11日傍晚，日寇飞机突袭成都，在浆洗街、新南门城墙脚和祠堂街一带投下了大量炸弹，瞬息间城内一片火海。这次轰炸，伤亡惨重。四川省政府决定迁至市郊茶店子，并号召居民疏散城外。此后，躲警报成了成都人的常课。

抗战是条甬道，漆黑漫长，谁都不知哪天才能得见光明。此时的吴一峰已有二子一女，但并未泯灭东归的念想。他于1932年秋冬，随老师黄宾虹入蜀，黄出任四川艺术专科学校国画系主任，举荐他担任该校及东方美专教授。“锦城虽云乐，不如早还家”，半年后，黄宾虹回沪；“蜀山水碧蜀水青”，吴一峰却滞留巴蜀，开始了在西南的艺术人生。他客居成都，娶妻生子，曾先后租赁在康庄街、北纱帽街、四道街等地寓居。如今，不得不作长远考虑，他与夫人骆禧懋商量，计划利用疏散期间，政府扶持贷款之机，加上多年的卖画积蓄，置地建房。

吴一峰的父亲吴吉斋曾是上海英商祥泰木行的业务员，常与建筑业打交道，精通土建工程。耳濡目染，吴一峰对修房造屋既钟情也在行。他避开喧嚣都市，选在成都西郊石灰坝卧牛台（今成都市红光中路一带），购得3亩多荒地，亲自设计监造斋堂——“一峰草堂”。

1939年10月动工，历时年余，吴家于1940年12月正式迁入新居。

一峰草堂的柴门是用青城山上的杉树为架，树皮盖顶，檐下挂着吴一峰刻的篆体“一峰草堂”匾额。门框右侧挂“吴寓”门牌，左侧有信箱口。用竹竿编扎成围墙，沿墙种植铁篱笆树。

进柴门，靠后建有一百多平方米的草顶白墙房舍，坐北朝南，有走廊、客厅、书房、卧室等大小六间。乳白色墙壁，木地板和天花板，具有中西合璧的建筑风格。

庭院空地原有五六棵高大挺拔的青冈树，吴一峰又沿篱笆种植了楠木，在院内广植梅兰竹菊，及桃李梨苹果等树；还掘地为池，筑假山养金鱼，移来天光云影……

修房造屋，还债养家，生活紧巴，时有压力。但荒郊一座新宅仍不免招眼。一天，有人给一峰草堂送恐吓信，信上称将于某日在少城公园茶铺恭候。

定是流氓敲诈。他向正伦社袍哥大爷李瑞卿通报此事。李派人陪同吴一峰届时赴约，流氓见势不对，才悄然离去。

斋堂落成近两年，吴一峰终于尝到“有妻万事足，无债一身轻”的滋味，提笔写下《一峰草堂落成忆言》：

草堂于二十八年十一月十三日上梁，二十九年十一月完成，共用去建筑费6334.49元，连地价两共计7472.49元。三十一年盛夏顺岷江至宜宾展览收入4万余元，名利尚可，先汇2万元至蓉并开一欠账单交与禧懋一一还清，计还予四联处者计4500元借据作废，红契取回保存。因余有句曰“有妻万事足，无债一身轻”。是年秋在绵阳展览收入27000余元，返省又偕禧懋取道去绵阳返三台故里省亲扫墓及料理家务，住20天又返成都。禧懋结婚后离家八载终年为小家庭忙碌，今得荣归故里，人生之一乐也……

几年之间，吴家又添人口，一峰草堂已不敷用，且当年修建值战时粗疏，早该大修。直拖到1947年春，吴一峰滇游归来，筹齐资金始再修缮一峰草堂。他写有《添修房屋记略》：

草堂起建于二十八年，迄今忽忽七载余矣！……今年春休养在家，日长无事，遂兴工经三十有七日始克蒇事。原有正屋与后厨房间建一走廊连之，厨房东侧之草屋加其深度辟为餐厅，又东连一屋为仆室，均覆以瓦。而东西两侧更砌砖墙以连正屋，东西开两门，东出数步淘一石板水井深可丈二；西出数步依三树之下盖一茅屋为堆置杂物柴炭之所，在厨后檐下修一鸡舍围以短篱。至于厨房原拟改为瓦顶，以经济不克改建。此次共用去240余万元，草草完工。虽非画栋连云，然茅屋陇篱也足以闲步怡情，愿我子孙本此勤俭朴实之风，世世永守，庶不负创业之本意也。

当年，东坡居士贬黄州建茅舍，曾写下几句话："新居已成，池圃胜绝。朋旧子舍皆在，人间之乐，复有过此者乎？"（《答范蜀公尺牍第二首》）此时，一峰草堂堂主的心情，庶几如此？

春晖

1941年元旦，一峰草堂蓬荜生辉，嘉宾临门。时在成都的艺术界同道张采芹、沈淯荞、姚石倩、芮敬予、黄君璧、郎静山、董寿平、谢趣生、钟山隐等应吴一峰之邀来新舍雅集。受邀者谢无量因游嘉州无计分身；张大千因兄丧子亡不能赴会，遣人送函致歉。函云：

一峰先生足下：

宠召，以与君墨先生同返里门，未能趋谢，幸恕，幸谅！屈商钟三先生前，并乞致意。专叩大安。

弟 张期爰 再顿首

卅一日

那次雅集，书画赠酬、戏曲献艺，诗酒唱和，大快朵颐，必是题中应有之义，惜先贤已逝，史料阙如，只能借助想象复原昔日光景。

4月，吴一峰又担任了“四川美术协会”交际组组长，一峰草堂遂成了蜀中艺、文界聚会之所。座上常客有谢无量、刘既明、谢趣生、施孝长、周抡元、张采芹、周子奇、伍瘦梅等本地文人墨客；登门造访者有黄君璧、郎静山、谢稚柳等沪上旧交，及关山月、赵少昂、赵望云、董寿平、吴作人等新识画友。

抗战，四川是全国的大后方，成都是战时中国的文化中心。天下之士，云合雾聚。吴一峰入蜀早，与地方军政界有些交道，又熟悉画坛情况，因此对促进绘画交流，帮助流浪画家，起着纽带轴心作用。

此前，他串联四川美术界同仁，积极组织作品义卖，支援抗战；他与张大千1925年订交沪上，关系见乎师友，张1938年避难回川，先后栖居青城山上清宫、成都桂王桥严谷声宅、忠烈祠尹昌衡宅及北郊昭觉寺等处，吴一峰曾多次登门拜望，嘘寒问暖，交谈时政绘事……；1939年4月21日，他与黄梦元、屈义林、谢趣生、牟定文等，发起组织四川美术研究会。

1942年10月，老同学陆俨少来成都办画展，下榻一峰草堂。当初在上海澄衷中学，吴一峰与陆俨少同班同寝，共桌连床，友情甚笃。直至晚年，陆俨少回忆那段生活仍对吴一峰感慨系之，“予因亦学习刻印自君始也”。

一峰草堂清雅的环境触动陆俨少的乡思，他挥毫书联：“春水池塘满，花坞夕阳迟。”一天，他见画桌上有素纸，提笔为骆禧懋作画一幅，题云：“三十一年九月十日坐一峰草堂，小雨留人，案上适有素纸为点染成此，即骆禧懋夫人清赏，陆俨少并记。”

在蓉盘桓二十余天，陆俨少感老友盛情，草堂温馨，而自己西南漂泊，四方谋食，心有所动。起行前，再为一峰草堂撰联：

三间茅屋几亩蔬畦知君心有田家乐；
一别浮云廿年流水喜我来从十日游。

跋云：

余与一峰学兄别且二十年，中间音问阙然。去冬君来重庆得一把晤，道故甚欢。今秋游青城、峨眉，留成都浃旬，无日不见。君筑室城西，诛茅三楹，花竹翳然，虽迩市声，尘嚣不浸，种菜灌园，读书作画，妻孥熙熙，居然野人之家。回忆昔年童丱如在昨日，而今儿女各成行矣。夜雨春韭庶几见之，喜感成此以留永念。

回到重庆一年后，陆俨少又于1943年9月寄赠所作《一峰草堂图》，题诗曰：

室有孟光案，堂成锦水滨。壮怀收翰墨，健翮弄风尘。
摘树尝新果，看山忆故人。写图聊寄兴，共此性情真。

客走望家门。1943年，加拿大使馆人员安迪生领着美籍男友，以及澳大利亚使馆一位夫人叩访一峰草堂，他们是在重庆一次国际妇女会议上，听过吴一峰讲演《国画之价值》而喜欢上中国画的。吴一峰向这些老外热情介绍了中国画的技法、流派，并在纸上示范，使他们眼界大开。

1948年10月，四川大学中文系的瑞典籍留学生马悦然和英国籍留学生西门华，参观成都春熙路青年会举行的“吴一峰中国画展览”，他们对吴一峰的作品极感兴趣，多次观摩，细心请教，以后又到一峰草堂看吴一峰作画，并一起讨论文化艺术问题。

马悦然当时住在华西后坝的教育家陈行可家。后与陈行可的二女陈宁祖恋爱定情。这年12月26日，吴一峰夫妻应邀和他们一起过圣诞节。

1949年底成都解放，马悦然在年末的日记中写道：“十二月三十日，红军终于进城来了。大兵们看起来很疲倦，可是他们的纪律和态度很好。他们晚上在街上睡……街上到处都挂起红旗和红灯。”

1950年 7 月的一个早晨，吴一峰把马悦然和西门华送上了邮政车站，归来写下《送马悦然文学硕士归瑞典》诗：

风大浪高天地号，相识情意胜同胞。
与君何日再把酒，痛饮欢言意气高。

港湾

月白风清，温馨恬静的一峰草堂，像一方港湾。而“大走客”吴一峰仍时时渴望扬帆启航。

行走世界，源于吴一峰的少年梦。上海澄衷中学，他痴迷英文课文《鲁滨孙漂流记》；他曾听过一位外国旅行家的讲演，开始幻想“大走”的人生；受国画老师高晓山的影响，他沉溺《徐霞客游记》，并立志追寻其足迹，重做徐霞客游记图补。

自1941年冬起，吴一峰走出一峰草堂，先后到广安、重庆、宜宾、绵阳、雅安、泸州等地举办画展；曾与谢无量同游窦圌山；曾沿滩险水恶的青衣江创作写生……抗战胜利后，他又拉开步子，追寻徐霞客而去。1946年底游毕滇西，1947年秋又游贵州，一路餐风宿露，行迹匆匆，马不停蹄。

从小家园走向大天地，又从大天地回归小家园。吴一峰周而复始地运行这样的人生轨迹。一峰草堂，已成为吴一峰短暂停留的驿站。正如他在诗中所写："霜风户外正温眠，衰叶桤林落阶前。为谋稻粱含恨别，天公不教住经年。卧牛台前草堂开，卷绣朱帏梦几回。待得庭前红梅放，漫游剑外即归来。"（1944年，《作别草堂》两首）大走是一种精神状态，也是一种生活方式。

常年看管经营一峰草堂的，是吴一峰美丽贤淑的妻子骆禧懋。

骆年轻时被誉为三台县"台花"，成都省立女一师"校花"。三台，是古代潼川府府治，唐李商隐流寓三台，写下"君问归期未有期，巴山夜雨涨秋池。何当共剪西窗烛，却话巴山夜雨时"的千古绝句。当年，年轻画家吴一峰也情迷三台，恋上教书世家的女子骆禧懋。

1933年夏，省女一师放暑假，骆禧懋与同学从成都坐班车回三台，与吴一峰同车。痴迷风景的眼睛，忽然被丽人打动，不禁心旌摇荡，难以自已。天助良缘，班车中途抛锚，要在广汉修理。这就给画家一个献殷勤展才艺的机会。吴一峰陪着几位姑娘游金雁湖。湖光山色，俊男靓女。吴一峰与骆禧懋彼此眉宇间都动了春山秋水。

本来吴一峰此行是要去广元写生，到了三台却挪不开步子。此间，他写了《佳人》《游梓州琴泉寺》《梓州骆园纳凉》《题画》等一组情诗，内中有句："男儿行兮有方，逢佳人兮巾帼。忽秋风兮秋雨，飘零红兮凋芳。归浙西兮故里，怅潼川兮他乡。感此恨兮无极，何来日兮方长。""登临此日倾新酿，剪烛何年话旧游？且喜浪迹江南客，淹留潼上破新愁。"锦城乐，不思蜀；浙西客情醉潼川府。

1935年春，吴一峰终于在三台与骆禧懋喜结连理。骆原在三台教书，婚后就随夫到成都承担起料理家务的重任。

岁月倥偬。几年过去，一峰草堂已人丁兴旺。骆禧懋先后生了蜀江、岷江、嘉陵、梓江、若陵五个儿女，加上老母和夫妇俩，已是小家八口。时值日寇压境，币值日跌，物价飞涨。面对众多食口，家庭主妇每天都掰指拇过日子。

吴一峰对妻子家人总是愧感交集。1945年8月，他正在青城山整理画稿，忽闻抗战胜利消息传来，兴奋不已，写下《结婚十载》诗：

……忽忽十载逝，小家八口人。负郭无良田，近市筑园庭。粗粝求常饱，败絮亦足温。日间散四处，晚来聚一门。洗涤闹水井，谈笑围火盆。长男伏案读，幼女据床奔。夜睡赏流晖，晨醒看晓暾。虽无尘俗气，犹有车马痕。优游长林下，耕读裕后昆。

循徐霞客足迹，远走滇西途中，吴一峰对妻子的怀想，更如品醇酿饮佳茗。1946年春，吴一峰作《怀内》诗：

……滇池云白蜀江深，两地相思寄苦吟。梦里温存多艳态，晓来泪湿落花心。

新生

1949年末，旧政权崩溃，胡宗南部散兵结伙打劫，街邻自发设置路障，组织防卫。后来，有人向新政权揭发吴一峰，虽众人说情，但最后结论仍然是："阻挡大军进城确有其事，幸未造成后果。"

第二年春，吴一峰正搭车去重庆卖画，在内江过夜，遇全省统一行动，拉网式盘查。吴一峰背包里有两百多幅画，一百多个大洋，被逮捕审查，罪名是"倒卖银元，扰乱金融秩序"。

他与旧政权的"粘连"自然是新社会的把柄：1932年，入蜀之初，他结识了川军军阀邓锡侯，并与麾下的师长黄隐时有书画往来，于是他就有了一纸"中校秘书"的空衔；1937年12月，四川省抗战动员委员会成立，他受聘干事；次年被聘为省政府咨议；1939年又授"川康绥靖公署参议"。"学成文武艺，货与帝王家"，任何时期的主流艺术必然是统治阶级赏识的艺术。若疏离殿堂无异于自我放逐；过分阿奉又会损毁艺术，那真是一柄双刃剑！吴一峰企望有张政治护身符，好出游写生，"大走"天下。然蝇名蜗利，却换来永难消弭的历史污点。

"写尽青山无人买"，靠卖画养家糊口的吴一峰，不能卖画，全家生活陷入困境。那年春节将近，一峰草堂梅花盛开，吴一峰狠心剪下梅花，叫大儿二儿用竹竿抬着去卖。两个孩子不会吆喝，转了几个小时，没卖出一束。他只好把一峰草堂的空地变成菜地，带着一家老小种菜自救。此情此景，有《赶菜市》诗记之：

……

青山写就无人买，草堂归去力躬耕。

荆棘丛中寻稻黍，尖刀山上死求生。

儿女露肘尽失学，彷徨歧路欲当兵。

我心已碎背饮泣，回顾妻孥泪盈盈。

靠朋友关系，他终于进了一家汽车修理厂当仓库保管。他在1953年的日记中写道：“我每天从西门外草堂家里，骑自行车往棉花街建中厂上班，约有5华里，8点准时上班，我是管理工具和修配汽车零件材料的，不能不守时刻。休息在家里，挤出时间作画。只有这样才能发挥绘画才能，等待机会再调往学有所用走本行。”

1953年国庆前后，吴一峰以《点苍胜集》和《黔灵夕照》两幅力作入选“全国第一届国画展览”。《点苍胜集》在一张五尺宣纸上，以云南大理巍峨的点苍群山为背景，山巅白雪，山麓松柏；山间小径上，穿着不同民族服饰的106个男女，提篮负重，骑马牵牛，拉琴跳舞，熙来攘往；近景是一道城墙，赶街是在大理城外。这幅画是吴一峰献给天安门的一份厚礼。

一峰草堂终于迎来了北京的第一缕霞光。

吴一峰再接再厉，创作手卷《岷江胜概》图。这是他据过去采风所得，利用星期日和早晚时间，在一峰草堂完成的。画幅长17米，高17.5厘米。画面由岷江之源至宜宾汇入长江。画中有灌县都江堰、川西平原、成都市容市貌、青神小三峡、乐山凌云寺、乌尤寺、老龙坝发电厂……既气势恢宏，又工细入微。老友、学者、书法家谢无量题写引首：“江源万里越千山，城郭风烟指顾间；此日黎民能作主，四时开物不容闲。”该手卷入选1955年在北京主办的“第二届全国美术展览”，并成为此次展览重点推介的第二幅国画作品。

1955年，吴一峰奉省政府文化事业管理局函调，去修建中的宝成铁路体验生活，创作了《绵阳西山观》《涪江新貌》《山区变了样》《火车通过明月峡》《凿开秦岭》等一批反映祖国新貌的作品。5月，又从广元乘舟沿嘉陵江顺流而下，经广元、阆中、南部、南充、合川、北碚而达重庆。这次写生产生了《阆中春色》《雾重庆》等一批国画作品并在此基础上创作了展现嘉陵江全流域风光的巨型手卷《嘉陵山色》图。

1956年，已届“知天命”的吴一峰调入省文联美术工作室，终于可以吃“专业饭”了。春天，著名画家李可染造访一峰草堂，看了吴一峰创作的巨型手卷画《嘉陵山色》后说：“你真不愧为大走客，只有深入生活，才能完成这样生活气息浓厚的好作品。”餐聚小雅，临别，吴一峰赠诗《送李可染画师》。

入冬，吴一峰应成都军区政治部邀请，为解放军建军30周年作画，前往川陕革命根据地通江、南江、巴中体验生活，搜集素材，产生了《进军大巴山》《红军造币厂》《大柏树》等一批前所未有的革命题材作品，入选1957年8月举办的“中国人民解放军建军三十周年全国美术展览”。笔墨当随时代，吴一峰在努力调整自己的步履。

这年，吴一峰晋五十岁生日，成都文艺界老友沈淯莽、高少安、谢趣生、车辐等前往一峰草堂祝寿。那日，车辐清唱扬琴《处道还姬》。竹琴一打，车辐吐燕语莺声：“将镜儿两分开物伤其类”，“放大胆，上前去，有何惧畏？与君子，同偕老，就在这回”……一峰草堂充盈着久违的欢声笑语。

1957年6月初，老同学、老朋友朱屺瞻、钱瘦铁从上海来成都。吴一峰邀请他们下榻一峰草堂，用院内自种的蔬菜，池塘中养的鱼招待客人。几天后两人要回上海，钱瘦铁善治印，行前，看了吴一峰治的印章、印谱后，夸赞不已，留下墨宝。朱屺瞻以一峰草堂院内菜蔬为题材，作一幅《蔬果图》相送。

高树多悲风。这一年一峰草堂的鸣蝉，在吟唱夏日辉煌之时，已透出几分凄清……

夕照

1958年4月，吴一峰，因建议成立“四川国画院”，被斥为“向党争权”，划为“右派”分子，连遭批斗。他在诗中叹道，“曾记广庭盛会时，獗词指责尽故友。”他被下放在崇庆县怀远镇曹家沟大炼钢铁，与“右派”流沙河同一个小组，负责砍伐木材供高炉燃料。吴一峰《有感》系之，“无奈吞声暗吟诗，怕看红叶欲醉时。回首故园何处是，寒烟撩乱雨丝丝。”一峰草堂已缈然如梦，遥不可寻。

此后，吴一峰被遣至新繁县禾登场新民公社劳动改造。“……湖海知己寂寞甚，临难故旧多袖手。我今不乐为人讥，归去锦城有田亩。每喜故侯时种瓜，为爱先生还插柳。粗糠布袄养余年，闲写青山伴我守。”（吴一峰1960年《感怀》诗）唯有一峰草堂，才是画家唯一的慰藉。

1961年，吴一峰被调回成都原单位，摘去“右派”分子帽子，仍受歧视，被派往艺术馆建设工地看守工地。暮春，患左叶肺炎住院治疗，病后始得归草堂休养。“病后对镜看自身，峥嵘瘦骨见精神。半生奔波尝世味，余年粉墨看他人。海内知

已飘零甚，陇海儿女困风尘。闲来母爱闭户坐，放眼小园夕照新。”（吴一峰1961年《病后》）

火热的“大跃进”，转眼就是“自然灾害”的冰河期，政府提倡“瓜菜代”，省文化局、省歌舞团为填职工的“肚子”，派人到一峰草堂种蔬菜，养猪。“菜根味得厌鱼晕，小园丰收堆满珍。半是城乡半耕读，承恩圣露作新民。”（1961年《草堂即事》）“新民”吴一峰，深感这是组织的信任，无偿提供茶水与劳力，“客自去来随兴适，柴门半掩失送迎。隔林新笋班班出，池上桃花朵朵新。独有老汉柱杖立，白云笑盼好年景。”（同上引）

1962年，吴一峰的《黔灵夕照》等幅国画入选四川省“建国十三周年美术优秀作品展”。受省文化局派遣，吴一峰赴自贡、宜宾、万县等地巡展。旧地重游，感慨良多，吴一峰写下《题<一峰草堂图>赠曹养吾》《遣怀》等诗：“锦水歇浦是故乡，覆雨翻云几炎凉。写得草堂贻故友，就中剪烛语情长。”“结屋幽篁里，开轩爱春风。音听四海外，影入一帘中。……”

草堂是画家安身立命之所，也是邻里街坊孩子们的乐园。一位作家曾住在对面交通巷24号，她曾撰文回忆童年印象中的一峰草堂：

> 记忆中，吴家花园四周是密匝匝的刺笆树和茂竹，有一扇树皮搭就的柴门，常年紧闭……花园的重要建筑是一所白色的西式平房。房子背面的走廊与一条幽深的小径相接，在枝叶繁茂的果树和葡萄藤的掩映中，一直通往柴门。院落的侧面，有两扇黑漆大门通向花园的池塘，但鲜见开启。……秋季，总有

橘、葡萄等灿灿地坠在枝头。即便人在园外，目光也早已溜入园子，攀住那树那果，于想象中欢喜地品尝开了……

而那时这座园子的主人，对顽童们的骚扰或入侵，却表现了极大的宽容。有时我们正在园子某处疯玩，恰遇先生送客或与家人外出，暴露在先生目及之处的伙伴中，必有灵醒的一个锐叫：吴一峰来啦！瞬间，众顽童一如惊弓之鸟纷纷窜逃，惹得林子“沙沙”乱摇一阵，这时总能听见先生远远吓唬：干什么！久之，见先生并无捉拿惩戒之意，我们便“猖獗”起来。一旦发现先生的房门有动静，便迅速藏匿一动不动。分开浓密的树叶从缝隙里望见先生由不远处款款走近，但见他身材高挑，皮肤白皙，脸膛方正，宽阔的嘴上永远挂着笑意，着一身洁静挺括的西式白衬衫，举手投足是很超逸和洒脱的。那时，我对先生充满敬畏。（《梦回故里寻旧园》载2001年7月9日四川新闻网）

孩子们的恶作剧，某种意义上反给孤寂的草堂增添了生趣。但面对改天换地的社会变化，画家心里也充满了隐忧：

“老去思往事，闲来吟旧诗。日短少烦虑，夜长多梦思。……”（1963年作《草堂即事》）“曲巷荒凉舞榭空，霸才四海尽飞蓬。老去一例成漂泊，卅载流光滞蜀中。”（1965年《感怀》）此时草堂，已是风浪中一叶孤舟。

1966年“文化大革命”风暴骤起，吴一峰首当其冲。那个邻居女孩见证了那场血腥：

吴家花园，是我童年难以磨灭的一个梦。它随着那个疯狂年代的到来毁掉了。至今仍记得我12岁那年先生被揪斗受辱的情景。暴力使他站在一只高凳上，嘴角流出鲜血。那时我挤在围观的人群中，心中充满恐惧与痛楚。而先生的嘴角却永远挂着微笑，一如我成人后见过他笔下的山水，那般的巍峨与浩大，其气势，经得起任何雷电风云。（《梦回故里寻旧园》载2001年7月9日四川新闻网）

吴一峰被扣上“牛鬼蛇神”的帽子，关进“牛棚”。各类红卫兵组织，多次践踏一峰草堂。主人的书画、游记、诗稿和文物全都作为反动罪证，或被查抄，或当众烧毁；他们还搬走桌、柜，甚至拿走生活必需品……

劫后余生，吴一峰回到一峰草堂，眼前已是一片狼藉：“何来天兵窜屋焚，可怜珍藏乱纷纷。检得残余伴座右，又挂青山满壁云。”（《1966年，无题》）

吴家隔壁有家街道小厂，某些头目对一峰草堂觊觎已久。1968年的一天，他们来到吴家，佯称要赶印“红宝书”，要吴一峰支援一块地修房子。见吴一峰稍有犹豫，就放言威胁：“我是厂革委会负责人，放牛娃儿出身。”

吴一峰当然明白那人话里的潜台词。于是，在没有任何批文，未办任何手续的情况下，印刷厂就在一峰草堂院内破土动工，建起一幢三层楼房和一幢平房。如此伎俩，到1973年再次重演。此后，两幢楼房居高临下，一峰草堂如陷井底。

那时节，运动迭起，大事连台，鞭炮噼里啪啦爆个不停。这可苦了“牛鬼蛇神”吴一峰。他怕万一不慎，一点火星点燃茅屋，自家被焚事小，殃及邻里罪大。一峰草堂，已成吴一峰一块心病……

1969年，吴一峰被定为“历史反革命，不戴帽子，由群众监督改造”，随后又离开一峰草堂，下放西昌湾丘五七干校劳动。

吴一峰与挚友陆俨少音问断绝，又互相牵挂。数年之后，远在上海的陆俨少在复吴一峰的信上说，“……承年近七十，腰脚强健，登山履险，不异往昔，故得遍览西南诸胜。及如儿女，皆已工作，‘草堂’无恙，日以笔墨为事，尤慰远想。……”一峰草堂仍是朋友间的重要话题。

1979年，吴一峰“右派”结论终于得到改正。人生有多少个20年？因为政治的原因，一个曾名满华夏的画家，几乎息名。领到改正通知书那天，吴一峰悲喜交集，满面泪痕。

一峰草堂冬日迟迟。一天上午，吴一峰正在后院作画，忽听见屋外有人喊话。吴一峰放下笔跨出房外。只见一位高个子的老外迎面走来，操一口流利川话叫道：“吴老，你好！你不认识我了？”

来人马悦然！此时他已是举世闻名的汉学家和诺贝尔文学奖评委，吴一峰早已认出。但几十年来的政治运动已使他噤若寒蝉。那次暌违三十多年的会晤，大家既拘谨又开心。临别，马悦然与吴一峰夫妇以一峰草堂的院墙为背景合影留念。衰老的草堂，见证了一段跨越时空的人间真情。

“三椽茅屋足，乐事在心田。柳引花前路，云开雨后天。鱼儿浮水出，燕子入巢眠。即此多欣遇，陶然度暮年。”（1980年《即事——一峰草堂》）天真的画家，把桃花源的理想坚持至今已是奇迹，“陶然度暮年”的预期，恐怕由不得自己。

1980年，隔壁印刷厂的发展壮大再次瞄准一峰草堂。吴一峰终于明白他已无力再作抗争……

故乡

吴一峰家乡浙江平湖，地处上海嘉兴，风光秀丽，地望日隆，曾出土大量良渚型文化遗存，曾崛起李叔同、陆维钊等一大批书画家。故乡，是游子永远的思念。吴一峰常用的印刻就有“老吴浙西人也”“浙西吴一峰”等。

20世纪30年代初，吴一峰川北写生，曾在旺苍坝场口发现一石矶，下临深潭，月夜当空，映在水中，他想起故乡杭州的“三潭印月”，即兴挥毫书篆体“印月潭”三个字。而今，题刻犹在，“印月潭”已成苍溪名胜。

入蜀之初，吴一峰并未打算久居。1937年春，吴一峰回上海办“蜀游画展”。刘海粟为吴一峰作《剑门》题跋：“群峰如剑铓，割取我衷肠。天涯漂泊子，应须回故乡。——韩老诗语辄移赠此帧。”“天涯漂泊子，应须回故乡”，刘海粟的跋语或许是众多师友的心愿，抑或透出吴一峰东归的心迹。

1938年5月，吴一峰祈请国民政府委员、考试院院长戴传贤为《壮游图》题词。戴慨然应允。题曰：

卅载穷边徐霞客，半生诗史杜工部。
壮怀逸兴古今多，更有一峰继健步。
而今吴越血模糊，未知故乡在何处。
先生归去时，涕泪将如雨。
呜呼！
先生归去时，涕泪将如雨。

一峰先生以壮游图见示，并嘱为题识。余不知画，亦不能诗。然蜀山越水皆故乡。偶一念泉塘太湖，不禁涕泪纵横。想先生之情，亦必同我。因书所怀，聊当歌哭。

戴先生祖籍浙江吴兴，生于四川广汉，故有此语。

1940年，吴一峰在成都西郊交通巷建一峰草堂。相邻卧牛巷原名卧牛台，曾系满回的一片坟地，中有一大土堆，形如卧牛，习称“卧牛台”。抗战期间，疏散户增多，渐成小巷。吴一峰曾自钉一块木板，上书“平湖路”三个大字，竟也约定成俗，后被误为“平福路”，直到上个世纪80年代大规模城建，拆房拓宽街道，“平福路”才成为历史。

安居一峰草堂，吴一峰时思故乡平湖。1941年，他写下《题故乡小景》：“无端颓笔苦经营，写到故乡恨难平。于今江南佳丽地，凄凉尽是敌纵横。”岁月无情，山河破碎，东归之念，成为吴一峰永久的遗恨。1943年，吴一峰写诗《出游十一载》：“出游十一载，世乱未拟还。何物足娱情，唯有水与山。”

……

1991年8月，84岁的吴一峰，应邀回家乡平湖参加庆典，以巨幅画作和书籍、画册留赠家乡。或许那时起，他又动了叶落归根之思。

1998年1月，91岁的吴一峰在成都逝世。先生终身游历，情系故乡。遵照遗嘱，2000年初，吴一峰夫人及子女将其书画作品、篆刻及收藏的手稿、书信、图书和黄宾虹、刘海粟、张大千、陆俨少、关山月诸师友留下的墨宝400余件捐赠给家乡平湖。

平湖市政府为永久珍藏这些艺术珍宝，决定在当湖公园内建造“吴一峰艺术馆”。当年12月，“吴一峰艺术馆”落成开放。艺术馆大门按照成都一峰草堂的旧貌建造，竹林篱笆，庄重朴素，周围点缀着石鼎、石柱、石鼓等雕塑。艺术馆黛瓦粉墙、典雅大方，内设展厅、陈列厅、文物库房、研究室及书画创作室等，展厅内详细介绍了吴一峰先生的生平、艺术成就以及工作和生活照片，汇集了吴老及其家属捐赠的书画作品、文物、图书等。

吴一峰终于魂归故乡。一峰草堂终于由成都回迁平湖。

“老去一例成漂泊，卅载流光滞蜀中。”如果说吴一峰当初入蜀是为了艺术，而滞留蜀中却多半是囿于生活。在平湖，他还是一棵苗，而在巴蜀，他已是一片林。

他真的回得去吗?

入川小记

贾平凹 文

我的家乡有句俗语：少不入川。少不入者，则四川天府之国，山光、水色、物产、人情，美而诱惑，一去便不复归也。此话流传甚广，我小的时候就记在心里，虽是警诫之言，但四川究竟如何美，美得如何，却从此暗暗地逗着我的好奇。八一年冬，我们一行五人，从西安出发，沿宝成路乘车去了成都；走时雪下得很紧，都穿得十分暖和。秋天里宝成路遭了水灾，才修复通，车走得很慢，有些时候，竟如骑自行车一般。钻进一个隧洞，黑咕咚咚，满世界的轰轰隆隆，如千个雷霆、万队人马从头顶飞过；好容易出了洞口，见得光明，立即又钻进又一隧洞。借着那刹那间的天日，看见山层层叠叠，疑心天下的山峰全是集中到这里的。山头上积着厚雪，林木玉玉的模样，毛茸茸的像戴了顶白绒帽；山腰一片一片的红叶，不时便被极白的云带断开。……又入隧洞了，一切又归于黑暗。如此两天一夜，实在是寂寞难堪，只好守着那车窗儿，吟起太白“蜀道难”的诗句，想：如今电气化铁路，且这般艰难，唐代时期，那太白骑一头瘦驴，携一卷诗书，冷冷清清，“怎一个愁字了得！”正思想，山便渐渐小了，末了世界抹得一溜平坦，这便是到了成都平原，心境豁然大变，车也驰得飞快，如挣脱了缰绳，一任春风得意似的。一下火车闹嚷嚷的城市就在眼下，满街红楼绿树，金橘灿灿。在西北，这橘子是不大容易吃到，如今见了，馋得直吞口水，一把分币便买得一大抔，掰开来，粉粉的，肉肉的，用牙一咬，汁水儿便口里溅出，不禁心灵神清，两腋下津津生风。惊喜之间，蓦地悟出一个谜来：这四川，不正是一个金橘吗？一层苦涩涩的橘皮，包裹着一团妙物仙品。外地来客，一到此地，一身征尘，吃到鲜橘，是在告诉着愈是好的愈是不易得到的道理啊！

走近市内，已是黄昏时分，天没有朗晴，夕阳看不到，云也看不到，一尽儿蒙蒙的灰白。我觉得这天恰到好处，脉脉地如浸入美人的目光里，到处洋溢着情味。树叶全没有动，但却感到有薰薰的风，眼皮、脸颊很柔和，脚下飘飘的，似乎有几分醉后的酥软。立即知道这里不比西北寒冷，穿着这棉衣棉裤，自是不大相宜，有些后悔不及了。从街头往每一条小巷望去，树木很多，枝叶清新，路面潮潮的，不浮一点灰尘，家门口，都置有花草，即是在土墙矮垣上，也藓苔缀满；偶尔一条深巷通向墙外，空地上有几畦白菜、萝卜，一清二白，便明白这地势极低，似乎用手在街上什么地方掘掘，就会咕涌涌现出一个清泉出来。街上的人多极，却未行色匆匆，男人皆瘦而五官紧凑，女人则多不烫发，随意儿拢一撮披在后背，依脚步袅袅拂动，如一片悠悠的墨云，又如一朵黑色的火焰。间或那男人女人的背上，用绳儿绑着一小孩，骑上自行车，大人轻松，孩子自得，如作杂技，立即便感觉这个城市的节奏是可爱的缓慢，不同于外地。在那乱糟糟的生活旋涡里，突然走到这里，我满心满身地感到一种安逸、舒静，似乎有些悠悠超尘了。

在城里住下来，一刻儿也不愿待在房间，整日在街巷去走，街巷并不像天津那么曲折，但常常不辨了归途，我一向得意我的认路本领，但总是迷失方向，我不知这是什么原因儿，反正一任眼睛儿看去，耳朵儿听去，脚步儿走去。那街巷全是窄窄的，没有上海的高楼，也少于北京的四合院，那二层楼舍，全然木的结构，随便往哪一家门里看去，内房儿竹帘垂着，袅袅燃一炷卫生香烟。客间和内间的窗口，没有西北人贴着的剪纸，却都摆一盆盆景，有苍劲松柏的，有高洁梅兰的，有幽雅竹类的，更有着奇异的石材：砂碛石、钟乳石、岩浆石。那盆儿也讲究，陶质、瓷质、石质。设计起来，或雄浑、或秀丽、或奇伟、或恬静；山石得体，树势有味，以窗框为画框，恰如立体的挂幅。忍不住走进一家茶馆去了，那是多么忘我的境界，偌大的房间里，四面门板打开，仅仅几根木柱撑着屋顶，成十个茶桌，上百个竹椅，一茶一座，买得一角花茶，便有服务员走来，一手拎着热水壶，一条胳膊，从下而上，高高垒起几十个茶碗，哗哗哗散开来；那茶盖儿、茶碗儿、茶盘儿，江西所产，瓷细胚薄，叮叮传韵。正欣赏间，倒水人忽地，从身后数尺之远，唰地倒水过来：水注茶碗，冲卷起而不溢出。将那茶盖儿斜盖了，燃起一支烟来，捏那盖儿将茶拨拨，便见满碗白气，条条微痕，久而不散，一朵两朵茉莉小花，冉冉浮开茶面。不须去喝，清香就沁人心脾，品开来，慢慢细品，说不尽的满足。在成都待了几日，我早早晚晚都在茶馆泡着，喝着茶，听着身边的一片清谈，那音调十分中听，这么一杯喝下，清香在口，音乐在耳，一时心胸污浊，一洗而净，乐而不可言状也。

我常常捉摸：什么是成都的特点，什么是四川人的特点。在那有名的锦江剧院看了几场川剧，领悟了昆、高、胡、弹、灯五种声腔，尤其那高腔，甚是喜爱，那无丝竹之音，却有肉声之妙，当一人唱而众人和之时，我便也晃头晃脑，随之哼哼不已了。演出休息时，在那场外木栏上坐定，目观那园庭式的建筑，古香古色的场地，回味着上半场那以写意为主，虚实结合，幽默诙谐的戏曲艺术，似乎要悟出了点什么，但又道不出来。出了城郭，去杜甫草堂游了，去望江公园游了，去郊外农家游了，看见了那竹子，便心酥骨软，挪不动步来。那竹子是那么多！紫草竹花、楠竹、鸡爪竹、佛肚竹、凤尾竹、碧玉竹、道筒竹、龙鳞竹……漫步进去，天是绿绿的，地是绿绿的，阳光似乎也染上了绿。信步儿深入，遇亭台便坐，逢楼阁就歇，在那里观棋，在那里品茗。再往农家坐坐，仄身竹椅，半倚竹桌，抬头看竹皮编织的顶棚、内壁，涮湿竹的绿青色，俯身看柜子、箱子漆成干竹的铜黄色，再玩那竹子形状的茶缸、笔筒、烟灰盒盘，蓦地觉得，竹该是成都的精灵了。最是到了那雨天，天上灰灰白白，街头巷口，人却没有被逼进屋去，依然行走；全不会淋湿衣裳，只有仰脸儿来，才感到雨的凉凉飕飕。石板路是潮潮的了，落叶浮不起来，近处山脉，一时深、浅、明、暗，层次分明，远峰则愈高愈淡，末了，融化入天之云雾。这个时候，竹林里的叶子光极亮极，海棠却在寒气里绽了，黑铁条的枝上，繁星般孕着小苞，十分鲜艳，又十分迷丽。更有一种树，并不高的，枝条一根一根清楚，舒展而微曲的向上伸长，形成一个圆形，给人千种万种的柔情来了。我总是站在这雨的空气里，想我早些日子悟出的道理，越发有了充实的证明。是啊，竹，是这个城的象征，是这个城中人的象征：女子有着竹子的外形，腰身修长，有竹的美姿，皮肤细腻而呈灵光，如竹的肌质，那声调更有竹音的清律，秀中有骨，雄中有韵。男子则有竹的气质，有节有气，性情倔强，如竹笋顶石破土，如竹林拥挤刺天。

我太爱这欲雨非雨、乍湿还干的四川天了，薰薰的从早逛到晚，夜深了，还坐在锦江岸边，看两岸灯光倒落在江面，一闪一闪地不肯安静，走近去，那黑影里的水面如黑绸在抖，抖得满江的情味！街面上走来了一群少女，灯影里，腰身婀娜，秀发飘动，走上一座座木楼去了，只有一串笑声飘来。这黑绸似的水面抖得更情致了，夜在融融地化去，我也不知身在何处，融融地似也要化去了。

初三的城市漫游

杨早 文

跟很多人一样，我的童年有一多半在爷爷奶奶身边度过，而且是断断续续的。被送回爷爷奶奶身边的理由五花八门，有时候是因为父母工作忙照看不好，我面黄肌瘦；有时候是因为我爸要去广州读研究生，我妈带着我压力比较大；有时候是因为爸妈工作的四川乐山地区有地震……总之，我的小学履历里写满了转学的经历。

转学并不好玩，刚刚熟悉的老师和同学又要换一批，学校要换，口音要换，有时连教材也要换——正是五年制六年制转换的当口，成都已经试点六年制，县里却还是五年制。

1987年我14岁，眼瞅着要上初三了。这时我爸已经研究生毕业分配回成都，我妈也调动了回去，只有我还窝在爷爷奶奶身边。可是，户口随母，我的户口与学籍都在成都，我得回那里去考高中。

初中前两年，我上的是富顺二中。这是一所省重点中学，历史悠久，人才辈出。如果非要我说一个大家都知道的校友，好吧，郭敬明。不过我更愿意说，以“厚黑学”名世的李宗吾先生，是二中的老校长。

尽管富顺二中在川南声名赫赫，但其中的一名学生转学到成都，却半点入不了稍好一点的中学的法眼。太差的学校，父母也不愿意让我去。到处托人，通过一些拐弯抹角的关系，我被送进了黄瓦街中学。介绍人说，这所中学虽然不大，倒是以严格出名。

黄瓦街中学真是“不大”——首先，它只有初中；其次，校本部只是三进的小院，全是平房，所有的教室加起来，只够初三6个班上课，初一初二只好到附近的少年宫借教室。我在这里念了一年书，几乎没见过初一初二的学弟学妹——这说明几乎也没什么全校性的活动。

操场是有的，虽然很小，但有两个篮球架，一根旗杆。这操场小到没法画出标准50米的跑道，横竖都不够。体育课跑步是走出校门，绕着学校跑一圈。测验的时候，将校门前的那条小街两头放些障碍物堵住，就在马路上跑50米。

我在这里度过了初三的生涯。27年后回头看，之前我在富顺二中就读，高中转去广东佛山，在佛山最好的一中上学。黄瓦街中学在我的求学之路上，是少有的不带“重点”二字的学校，我甚至猜测，在中国数以万计的城市中学群里，它的规模怕也只排在倒数的前列。

但我在这里获得了一年的美好回忆。即使有升学的巨大压力，碰到了两三次校外流氓的

勒索，也没有冲淡记忆的光晕。真是一件奇异的事。

这样一个小学校，学生多是附近街道的居民。似乎我是住得较远的一个，而且还不会骑自行车。理所当然，中午就留在学校吃饭。

这里居然也有一个食堂，应该说有一个厨房，因为那里并无就餐的桌椅，买了饭须回教室吃。我又发现了一种神奇的状况：整个初三，似乎常常只有我一个人在学校搭伙。

于是，我必须在早读后去一趟食堂（离我的教室只有一二十米），告诉厨师，我今天中午要搭伙。到了12点放学，我就拿着饭盒再去。厨师一般只炒一个菜，回锅肉、蒜薹肉丝或是青椒肉丝，我一半他一半；再蒸一钵饭，1斤左右，你要打3两4两随便。

我端着饭菜回教室，坐在自己的座位上摊开一本书，慢慢地边看边吃。有很长一段时间，佐饭的书是汪曾祺的《晚饭花集》。因为我的祖父是高邮人，且是汪曾祺的表弟，我对这本写高邮民国生活的书颇有亲近感。吃着成都的饭，看着高邮的往事，陈小手、高北溟、王淡人、陈泥鳅……中午的学校安静极了，偶尔有住校的杂工炒菜的“刺啦”声。书中的这些人事遥远而沉静，看到《鉴赏家》里季陶民在画上题“风拂紫藤花乱”，学校院子里，教室通往办公室与食堂有一道花架，也有紫藤似的花。新学年开学未久，初秋的风还很温柔。

饭后去洗碗，回来接着读书。《晚饭花集》终于读“熟”了，就换一本。过了一个学期，进入考前冲刺阶段，还从家里带了一本人民文学出版社20世纪80年代版的《儒林外史》。有时中午如厕，也带着书。那本书实在太厚，终于有一次在挡板上没搁牢，掉进了厕坑里。Ade，我的杜少卿和匡超人！

新到一个学校，我用书本与沉默构筑了一堵墙。下午上课前有同学陆续进来，也不轻易与我说话，大家待在座位上各做各的事。不过大城市的孩子还是比我要活泼得多。渐渐有人跟我打招呼，也说上两句闲话。有一次，一位女同学看我在读一本《围棋天地》，很好奇地凑过来：

“这是围棋哇？咋个下喃？”

我就简单地说了两句，最基本的，一颗子有4口气，如果4口气都被堵死，该棋子就要被提掉。

隔天中午，我正低头看书。突然听见“哗啦哗啦”的脚步声进了教室，而且“哗啦哗啦”地放大，向我靠近。一抬头，愕然，前面的椅子上，左边和右边各站了一位女同学。

“哈哈，你没气啦！被提掉啦！”

果然，后面的左右边还站了两位。我只好认输，跑到一边，表示被提掉。经过这一番闹，同学之间的距离感少了许多。

慢慢熟悉了新的生活，戒心也少了。我尝试着饭后走出校门，往右走，50米（正好是短跑测验的长度），就到了黄瓦街口，打横是一条长街——东城根下街。

我立刻发现，不少同学中午并没有回家，他们只是不在学校搭伙。

街口有一家卖叶儿粑的，号称“三不粘”（不粘锅，不粘筷，不粘牙）。往左走（南方人分不清东南西北），街对面各有一家卖面食的，女老板坐在店门口包抄手，筷子头在馅碗里略一蘸，在淡黄色的抄手皮上一抹，手一转，一只抄手便丢进撒了白面粉的筛箩里。左边的那家一碗会多给一两只，右边那家是一对姐妹开的，自制的熟油海椒，滋味似乎的确好一些，一碗下肚，让人浑身燥热，雨天特别受欢迎。

再往前走，有一家卖刀削面的。下面的伙计并不炫耀地将面团顶在头上，只是随意地擎在手中，一大块铁片嗖嗖飞舞，大小未必均匀的面片飞进店门口的大铁锅中。捞出来，加上油乎乎的肉糜，几根青菜。中午总有好几个学生站在门口轮候。观察半年后，我觉得这伙计捞面的时候，给女生要比给男生的多，女生的3两相当于男生的4两。

吃的没有了，往前走只有台球铺。反过来往右走，仍然有刀削面、抄手，但味道没有左边的好。

再往前是一个集市，绿油油的豌豆尖，白生生的萝卜，青郁郁的甘蔗，灰扑扑的地瓜。一两个摊点卖衣服，完全不放在我的眼里。

走到集市中间，一个锅盔摊！玻璃柜子擦得锃亮，里面摆放着白面锅盔、肉锅盔、酥油锅盔，不要那些，我要正在烘的红糖锅盔，一吃一口糖，滴滴答答往下流，举起来，热热地捏在手心里。要是没有红糖的，就来两个混糖的，没那么绵软，可以揪着吃，舌尖有隐隐约约的甜。

走完了这个集市，能看到一个颇大的茶馆，幺师来来去去地冲水，茶客们仰面向天，或趴在桌子上打瞌睡。也有向茶馆租了一副围棋在下赌棋的，一点都不斯文，棋不是下的，也不是日本式的“打”，而是“砰”的一声丢在木棋盘上，再用一根手指去戳正位置。不少棋子已裂成两半，那又有啥子？难道半颗棋不算？下到收官，棋盒见底了，棋子不够数！

“喂，说好，这块棋死了哈，我收来用。”

“啥子哟！老子还要留来打劫的。”

“打个铲铲！……数嘛，两个劫材，等会儿让你两步就是！老子劫材多得很！”

“对嘛！哪个怕哪个？”

骂骂咧咧声中一盘终了。输家丢一张皱巴巴的“大团结”（10元人民币）在棋盘上。

哎呀！看得太久了，都要上课了得嘛！赶快跑！

学校果然严格。初三了，要升学了，别的法宝没有，拿时间夯，每天加课加考，到晚上8点才放学。

每天5角钱，5点钟加一次餐。从外面订的圆面包，食堂的厨师捧一个大箬箕，上面盖着白布，掀开，半温的，一人一个。

最后一个钟头总是各种考试，不交卷不准走。数学我一般会卡在最后一道大题上，虽然觍着脸，也只好去拉前面女同学的大辫子。一拉，她的背靠过来，我轻声说，最后一道。她趴回去了，一会儿，一个纸团轻轻巧巧地掉在我的课桌上。

其实纸团里的答案未必正确。管它的，只要能写满试卷，便走得心安理得。每天都要考，明日等老师讲评。

化学最麻烦。化学老师瞪着铜铃般的双眼，一遍遍地在桌子间巡视。

最累但最不心惊胆战的是语文。语文老师坐在讲台后面看报纸，她不喜欢把考试当成老师的法宝，不过也违拗不得校方的规定。初三的模拟试卷，知识点遍布初一到初三的6册语文课本。6册全的课本，全班只有一套，目下放在我的桌肚里，我一道题一道题地翻，十几张卷子，做完一张，就有人取走一张，全班50来人都在抄我的卷子。

8点放学，晚上的街道黑灯瞎火，不够安全。学校于是规定家住同一方向的3个同学一道走。我跟另外两位女同学分成一个回家小组。

她们俩手拉手在前面走。我不好意思跟她们并排走，拉开几米跟在后面。暗夜里只听见“唰唰”的脚步声和偶尔的笑声，有时其中一位女生会轻轻地哼一首歌——《雪绒花》或是《大约在冬季》。

有时老师开恩，不考试（比如周末），放学的时候正是薄暮，但还是习惯地3人一道走。前方有影影绰绰的两个背影，低低的语声，不知道在说啥。想走近点，又抹不开面皮。直到岔路口，她们先到家，两人转过来，招一招手作别，连脸都看不清了。

4年过去，我从广州返回成都，见到其中一位女同学，她很高兴地说起从前的某事某事。

“这个，我不知道呀！”

“怎么会不知道，就是初二上学期我们去崇庆……”

“我是初三才转过来的呀。”

“哦？我怎么觉得咱们一起读了3年……”

那时我才知道，这小小的黄瓦街，在清朝，是成都八旗驻防区域的中心。清制宗室准用明黄色。成都的贝子与觉罗们将一条街的房瓦全刷成明黄色，故称“黄瓦街”。

从东城根下街的集市再往前走一条街，就到了著名的宽窄巷子。那是成都从前最美丽的所在，住的都是达官显贵。连绵的小院，街两边都是粉墙，墙内绿树掩映，竹影婆娑。户门的匾额，落款不是于右任，就是张大千。

这样的好地方，整整一年我竟从未去过，只是吃了上百个锅盔，看了几十盘棋。

聂作平 文

琴台路：当历史嫁给现实

A

成都的街道数以百计，若以古雅和诗意而言，则莫过于琴台路。一条不过一里许的街道，因一个作古了两千多年的文人而知名，这在街道的家族中，也许都是不曾多见的。

司马相如先生的汉代，成都在中国的地位要比今天更加显赫。所谓扬一益二，就是说，成都这座建城两千多年来从来没有移动过的城市，它在全国的排名中，位列老二。汉代人的豪放、简约和大气，今天的人是无法想象的。因此当代琴台路的设计者才如此独具匠心地将那上千块拓印着汉砖画像的花岗石铺成道路，看看上面那洒脱的线条和简洁的图案，两千年前汉人的生活就这样真实而直接地呈现在了我们面前。

如果说，一个只有仿古建筑的街道是没有灵魂的抄袭品，那么，琴台路，它由于有了这些生机盎然的汉砖画像，也就一举有了灵魂。有了魂的街道，它不可能没有一些让人牵挂和怀念的理由。

入目都是一色的仿古建筑，明知这不过是今人的怀古之作，可两旁典雅的店招，引人注目的画像，间或的三几棵小树，如果不是依旧有车来车往，如果不是从店铺里传来的流行音乐，你会恍然地以为自己已进入了时空隧道，行走在千年前的往事里。

在一个千篇一律的都市里，入目的都是千篇一律的灰色楼房。当我们的眼睛疲了，倦了，当我们穿过喧闹的长街走进琴台路，那些碧树红瓦便让人眼前顿时一亮，心便宽了起来。倘使我们相信有前世今生，那么，在前世的轮回中，我们又怎么能断然否定，自己就不会是司马相如时代的一介成都布衣，曾亲眼目睹了卓文君女士如雪的凝脂与顾盼的美目呢？

当我汉时，大地无垠，古树浓荫；当我汉时，草木摇落，白露为霜。在这条依然唤作琴台路的街上，那些画像里描绘过的生活情景，不就是活生生的现实吗？酒肆欢歌，市井吹箫，幽窗读书，浣水送别，这些被我们一再想往并一再在古籍里遇见过的生活，它就在这条琴台路上一百遍一千遍地反复上演。就像一部冗长的电视剧，我们只出现在了戏剧的结尾，这时节，我们只能凭借记忆，重新回望演出刚刚拉开帷幕的初始以及高潮迭起的华彩乐章了。

B

入夜的琴台路是灯火的海洋，这个连公共厕所也装饰着宫灯的地方，两旁林立的店铺闪出的光交和着路灯的光，车灯的光。若是在那些乍暖还寒的春夜，雨丝细细地飘拂着，偶有灯光打来，细细的雨丝更细了，让人怀疑在两千年来的那些春夜，不仅司马相如和卓文君，还有更多相爱的人儿会在这样的雨夜私订终身，并许下山盟海誓的承诺。

最让我心仪的是那些酒店，高高的，有飞檐和画栋的酒店，坐在那临窗的桌前，一定要选如前所述的那种春夜。酒一定是上好的黄酒而绝不能是白酒或啤酒，女儿红和花雕这种古意诗性的酒，才能配这样的街，这样的夜和这样的楼。陪同喝酒的人一定不能太多，最好三四个，甚或只是两人对酌。当酒过数巡，菜过数味，外面夜深如水，楼堂里的灯火稀了，穿着旗袍的小姐立在一旁小心地打着盹。而窗外的春雨酥了半个城市和半个夜晚，放眼望去，隐约的天边有些乌青的云朵，高楼就隐在那些云朵的后面。琴台路，它那高大的牌楼和此起彼伏的古建筑，就那么不动声色地凝在了这有着剪剪寒风的夜色里。

这样的夜晚，这样的长街，这样的酒楼，酒是一定要喝到八分醉的，只有当酒兴上涌之时，我们才会恍然看见发迹之前的司马相如，歪着身子从窗下吟着“凤兮凤兮归故乡，遨游四海兮求其凰”的诗句缓缓而过，才能看见卓文君站在对面的小店前，微笑着招呼那些高高低低的客人。同样，也只有在如此这般的状态下，我们才会回忆起自己和一个城市的往事，这些记忆中的温柔部分。当它们带着一个城市的标记与我们不期而遇，也许，我们找不到一个不醉的理由。

能够醉在一条有灵魂的古老街道，这酒，它会比任何时候都更浓，也更烈。如果，如果还有一些卓文君那样的眼睛在一侧凝视，这个春天的雨夜，它会比所有的历史更深刻，也更生动得回肠荡气。

C

大多数人只知道司马相如弹奏《凤求凰》那支曲子向卓文君发射爱的信号，和他们当垆卖酒的浪漫潇洒，很少有人还知道，他们的爱情曾经有过危机：当司马相如成为汉武帝手下最得力的御用文人时，他曾经见异思迁，想休掉还留在成都的妻子。而卓文君，这位美丽果敢的女人，她用一纸文采绯然的家书感动了就要变心的郎君，她成功地保卫了她的爱情。琴台路上，那尊《凤求凰》的雕塑，据说描绘的就是他们重逢时的情景。既然司马相如已经回心转意，既然琴台路的春天年年如此，卓文君想必也会为了爱情而更加大度和宽容。

成都还有一处地方与司马相如有关，那就是驷马桥。据说，当年司马相如北上长安寻求功名富贵时曾经在此高声发誓，日后若非驷马高车，绝不再从这座桥经过。等到司马相如终于如愿以偿地获得了名声和权利，他却萌生出了休妻的歹意。幸好，卓文君为他们的爱情画上了一个圆满的句号。当司马相如真的驷马高车从长安回到成都时，美丽的卓文君想必已经在琴台路的某座阁楼上，静静地等待了好些个不眠的夜晚。

今天，司马相如肯定还有，只是，卓文君却已经不再。上演过爱情物语的舞台还在，只是，演员已经一次次地更换。这一回，轮到了我们粉墨登场。在流光溢彩的琴台路，在春风梳柳的老成都。

有生命的城市是不知疲倦的，它永远提供着上演喜剧和悲剧的舞台。在这些喜剧和悲剧中，一个城市和一条街道便有了一种叫作文化内涵的沉甸甸的精灵。

D

琴台路尽头，浣花溪一线流水蜿蜒而过，夹岸都是终年碧绿的树木。从汉代画像和对汉代繁华的幻想中走出来的人到了这里，会不觉地将原本就缓慢的脚步放得更慢了。琴台路的对岸是百花潭公园，鸟鸣林幽，园子宽大。想想过去，杜甫的草堂离此并不太远，他也曾写过百花潭北庄的诗句，想必应该来过琴台路吧？一生漂泊不定且襟袍未开的诗圣，当他在琴台路的某家酒楼三盏下肚，他是否会想起司马相如先生，就像我们现在想起他一样？

古人老是怀念更古的人，这是没有办法的事情。在成都这个举步都是历史遗留的地方，现实与历史总是纠缠不清。虽然今天的人们知道司马相如，却并没有几个人还记得他的大赋，而是他香艳传奇的爱情故事流传至今。但人过留名，雁过留声，面对遗忘的河流，我们还能记得这些在同一片土地上悲欣交集的先人，我们也许会更对这片土地滋生出某种程度的爱意和怜惜吧？

我不知道琴台路尽头的那座名为散花楼的木塔到底建于何年，我的故乡并不在成都，而是南下三百公里的川南富顺。可这并不影响我对这座城市，这条街，乃至这座木塔的钟爱。信步木塔，拾级而上，四面均是宽大的窗户。抬眼望去，琴台路显得更加的秀气了，那些铁画银钩的诗碑，那些有着考究字号的古玩商店和酒楼。当然还有河的对岸，那方郁郁苍苍的林子，林子下面，一排排的竹椅星罗棋布，无数的人在那里喝茶谈天，打牌下棋。悠闲的日子一如两千年前名司马相如的强汉，也如一千二百年前老杜的盛唐。

坐在木塔的窗下品茗聊天，间或望一眼脚下的琴台路，这是一种写意的休闲。人来人往，车来车还，靓丽的女子让人眼睛发亮，心跳加速。无处不在的青春和骚动啊，它能把一个文盲也造化成诗人。而我，我能感觉到一条古老的街道上，历史与现实正在水乳交融。真实的生活是能够看见的，不论在汉唐，还是在今天，那些生活在悠闲时代的人会握住一把幸福和安宁。

品罢清茶，待从塔中下来，暮云已经四合，琴台路的街灯又一次亮起来了。一个少数民族青年在诗碑前用演奏的方式推销他口袋里的葫芦丝，悠扬的曲调似乎让夜色也裹足不前了。我用七十块钱买下其中的一支，然后，我就吹着那管葫芦丝慢慢地走进了琴台路的夜色里，直到我也成这条街的一个景点，成为这浓烈而温暖的夜色的一部分。

立春的茶事

何大草 文

立春，阳光早早降临了。窗外的河两岸，已铺了大片明黄的暖色。拨通曾兄家的座机，约他一起喝茶。没和曾兄联系，已经很久了。上次小聚，似乎还是五六年前的深秋，很冷的一个下午，吹着风，在大慈寺，他送了我一本《李劼人研究文集》。

两个多月前，我画了一幅李劼人肖像，用水墨画在亚光的素描纸上。手机拍了照，发到微信圈，颇获点赞，说是画出了劼老的骨感。

而我以为，李劼人也正是老成都的龙骨。

我把画装入画框，心里想着，要把它赠送给曾兄。他是最值得我赠送这幅画的人。那一天，正值小雪，天冷了。就打算等一个太阳天，暖和些，约了曾兄喝茶。然后就是雾霾袭城，阴雨、寒潮，偶有太阳，却又不得空闲，就拖了下来。

心里倒也不着急，再拖，立春前也总能等到个好日子。但，老天捉弄人，立春前日，还是冷雨霏霏的，让人颇感无奈。却也还是天意成全人，今天居然就晴了，太阳透亮，春光大好，让人措手不及的欢喜。我电话中问曾兄，去宽窄巷子如何？曾兄说，不，我带你去个好地方。

我们分别坐地铁而至。先自西向东，再折向西北，这是我在本城坐地铁最漫长的一次。钻出地面，曾兄已站在下午两点的路边等我。这儿说远，却又紧邻主城，路广、人稀，阳光铺得很开，明晃晃，映射着倏尔一闪的汽车，让人生起某种讶异和茫然。曾兄说，这儿你来过吗？我说，好像来过的……忘了。

曾兄六十五岁了，脸上多了皱纹，胖了些，但模样没有大变，穿了很暖和的厚冬衣，斜挎着一个大包，像个老人，也像个学生。三十多年前，我在老晚报编《锦水》副刊，他来编辑部谈稿子。那时，他还是红旗柴油机厂的职工，黑瘦，温和，像个工人，却透着书卷气，还很年轻，而我还比他年轻十余岁——那样的年龄，正是觉得时间永远用不完。

我是成都人，在外来的朋友眼里，也算个老成都。而我很快发现，跟曾兄一摆龙门阵，我却简直像个外来户——他对老成都的熟悉，甚于熟悉自己的掌纹。我请他为我编的老成都文史栏目写稿。他写来的，篇篇合用，而且颇有岁月感。文字自然是好的，朴素而凝练。他的主业却是写小说，有多个中短篇发表，出版有长篇小说《三人行》，是写鲁迅、朱安、许广平的。这个题材，全中国也可能是他先写了一步。后来，他调入市文联，写作的强度却缓了下来……许多作家在文联、作协任职后，似乎都有这样的遗憾。到底为啥，我也不清楚。但我们的友情依然在延续和稳固。我头一回去李劼人故居菱窠，就是曾兄带着我，骑车出东郊、过沙河堡、爬坡上坎进的大院门。那是1990年夏天，菱窠还是土墙、青瓦，篱笆环绕，不收门票钱，许多老年人在院子里喝茶、玩鸟。我对李劼人小说的细读，也就是从那个夏天之后开始的。先是《死水微澜》，随后是《大波》的新版和旧版……再过些年，我离开老晚报，去做了李劼人的邻居，在菱窠隔壁的师大，谋了份教职，教书和写作。

李劼人的小说，宛如从背后打开了一扇门，让我退回老成都的旧时光中去，那是个由纯方言构筑的世界，我在乡音中见到了自己的乡愁。

而曾兄，后来慢慢变得越来越像李劼人。他退休前几年，做了件大事，参与编辑、注释、出版了20册的《李劼人全集》。

我们见面不多，但每次都能感受到他的诚意。我的朋友少，彼此抱着深切诚意的更少了。诚意是除了友善，别无所求。曾兄所给予我的，除了帮助，还有淡定于世的态度。淡定、淡然，今天大家都挂在嘴边随便说说，作为自诩的好词。然而不然。淡定不仅仅是说说，还关乎你会如何做。譬如，我电话中问曾兄，你的手机号呢？万一我出了地铁站找不到你咋个办？他回答，我一直就没有用手机。出了地铁站，你就会看到我。

果然。

曾兄选的这块地方，岁月杂陈，从前是个小镇，还留着当年的半条老街，一块落满灰尘的街牌：土桥。土桥，我想起来了，少年时候，和几个小伙伴骑车来过，从城区腹心的羊市巷市委家属大院，一路骑向西北，出了一环，就是田野、沟渠，一团团竹林裹着农家小院，满眼青葱苍翠，却蔫耷耷的，没有生气。那是20世纪70年代“文革”后期，城里人肚里缺少油水，乡下人肚里没有饱饭，好在我们年少，还有好奇心，穷骨头发干烧，无事也要找事，耍。那天去土桥，是有个伙伴的母亲托了土桥的一个卖肉的亲戚，留了块好肉，我们陪他去取。肉是凭票购买的，一人一月一斤，谁不想买块肉厚、皮薄、骨头少的呢。骑到土桥，自然人困马乏，那是典型的川西坝子小乡场，肉铺就在桥头，那卖肉的亲戚面善，不像个屠夫，但言简意赅，也颇有力道。河水看着宽广、平缓，我就说，好安逸，夏天来游泳。屠夫说，游泳？哪年不淹死几个娃娃！水下漩涡多，急得很。我吓了一跳，咂咂两声，赶紧说哦，那就算了嘛。

今天居然坐地铁，径直就到了土桥。

也许我记忆有误，从前去的，不是土桥，是簇桥、苏坡桥？反正都在郊区，都是有桥、有田野的。但，今天所见，田野、河流、桥，都没有看见。半条老街，都还钉着土桥东街的门牌号。东街拐角，还比较完整，有两三家日杂店，卖竹编的撮箕、簸箕、篮子，长钉耙、岔头扫把、开水瓶壳壳，还有木桶、高粱秆扫帚，鸡毛掸子，洗碗的丝瓜布……倘若这是个旅游区，这些东西都是作秀的。可土桥，是个驴友吃醉了，也不会窜来的地方。旅游？笑话。这些竹器、木器，都是日常家居的用品。有三几个顾客在挑选，模样很像从前这儿拆迁的农妇，粗手大脚，却又精挑细选。

再往前走几步，是清真牛肉馆，下午两点过，不多几个客人在吃饭，主人同时也在洗碗刷锅，看见曾兄，彼此一笑，打着招呼。曾兄说，这儿的牛肉品质好，味道好，而且很干净，他常和太太坐了地铁来这儿吃，和老板都熟了。

走过一条空旷宽街，回头看看，老土桥已不见了踪迹。四周团转，都是拔地而起的商住楼、写字楼：70年代一跌，就宕过了40年。

喝茶的露天茶铺，是高楼之间的一块空地，草草砌就的砖墙围了，两扇铁皮门漆成亮艳的蓝色，上边用黄漆、排刷写了八个字、两个感叹号：

内有恶犬

后果自负！！

相当刺眼。可能是用来吓唬夜间蟊贼的。

进了大门，迎面晾着一绳的香肠、腊肉。有几棵枇杷、桂树、芭蕉，散落着二十多张小木桌，竹椅上坐满茶客，喝茶、打牌、吹壳子。还停了些自行车、电瓶车、捷达、雪铁龙、宝马和奔驰……车和车差别很大，车主混在茶客中，谁和谁都差不多。我带了绿茶，曾兄带了花茶、红茶，于是就跟茶老板说好，自取了两只茶杯，一只一元钱，白开水随便倒。

阳光斜穿过楼群，落下来，一块一块的，不停地移动。我们就喝会儿茶，不时端了茶杯、水瓶，跟着阳光转移座位。

邻座四个老大爷，其中一个戴了花豹皮帽，两个戴了牛皮鸭舌帽，还有一个光头，脸膛皆粗糙而结实，目光炯炯，咬紧牙，腮帮子鼓出几个肉疙瘩，盯紧了对面说话的人，活像刚从雪原茫茫的《智取威虎山》下来的。面相倒不凶恶，安详地抽着叶子烟，把烟雾大口吐出来。烟味很浓，却有呛人的暖意，这个味道，我是很熟悉的。5岁前，我就常跟爷爷上茶铺，红照壁拐上人民南路，向北过了四川省话剧团、芙蓉餐厅、陕西街口子，一个窄门进去下斜坡，突然就是一家人声鼎沸的茶铺了，叶子烟、茉莉花茶的气味，沆瀣一气，让人很舒服地脑壳晕乎乎。爷爷喊了茶坐下来，摸五分钱硬币给我，让我帮他买一份《人民日报》、一份《参考消息》，他就戴了老花镜，在乱哄哄中静静地读。我待不住，没耍的，就摸回家去了。这家茶铺已经消失了……消失的东西何止一家茶铺呢。

我和曾兄喝着茶，耳朵挂着那四个老大爷，想听清他们说什么，但没一句不是模糊的，仿佛说的是某种暗号和切口。这也是十分有趣的。

再移了两回座，阳光也渐渐被高楼阻挡没有了。我说，回去吧。曾兄说，难得，再晒会儿。

围墙断开了一个缺口，外边是一大片拆迁的空坝子，已有两张茶桌摆在坝中，十分逍遥。我们就如法炮制，也把茶桌子抬了出去。阳光充沛，晒得周身热酥酥的。空坝比足球场还大，很像干涸龟裂的大湖底。三张小桌、几个茶客散落其中，宛如几颗小豌豆。这是我茶馆经历中，最奢侈的一次，而且一人只花了一元钱。

曾兄的日常生活，跟这样的喝茶很相似。他不用手机，没有买车，这些年却和太太一起，搭大巴、火车，慢悠悠旅行了许多地方。说起广东、福建南边的小村镇，几乎就和说土桥一样的熟悉。也去过泰国、越南，以及香港、台湾地区，风景点略而不谈，每一处的街巷、民居、菜市场，他摆起来是津津有味的。曼谷郊区的一家小饭馆，他们头年去了，第二年又去，感觉两次重叠，这回就坐在上回的时光中，唯见老板儿女猛然长高一头，恍然梦醒，忽忽又是一载春秋了。

于是，我们就感慨时光过得快。我说，时光这么快，要做的事情，就得赶紧做。曾兄则以为，时光既然这么快，反而没事情需要赶着做。我就暗忖，我说的点，尚在事内，而曾兄的点，已落在了事外。

我把李劼人的肖像送给曾兄。他看了很久，道了谢谢，放入挎包。

他说起一件事：前些天翻检《三人行》手稿，上边还有你阅读后用铅笔写的建议。

那也是很多年前的事情了。

空坝的边缘，远远能看见一溜卖红橘的摊点。再远些，是横跨半空的铁路高架桥，虽高，但非高铁，绿皮火车吐着慢吞吞的汽笛，磨蹭而过。

“这趟火车开哪儿呢？”我好奇地问。

曾兄脸上有了少见的茫然，他也不晓得。

不过，晓得不晓得，又有啥子关系呢。我们接着喝茶、晒太阳，直到太阳成为夕阳，整个矮到了楼群的背面。

成都是中国最富含诗意生活的城市

蒋蓝 文

成都是中国的“想象”之地

成都一地远古森林密布，就有大象、犀牛分布。

“犍为”一词历史久远。汉武帝建元六年（前135）广开西南夷时，就分巴、蜀两郡，在今宜宾市偏西南另置犍为郡，治所之地在今贵州省遵义境内，称之“鳖县”（音biē，同鳖）。犍为郡管辖今贵州北部、四川南部、重庆南部的大部分地区。牂牁郡管辖今贵州南部及周边地区。牂牁郡治兰且（今贵州贵定、凯里、安顺附近）。西汉中晚期，贵州北部大部分地区划入牂牁郡管辖。据说当时郡内有山，名字就叫“犍”，盛产野牛与猴子，而“为”的古转体像母猴，所以就在“犍”字后面加了“为”字来作为新设立的郡名。隋开皇三年（583），改武阳县为犍为县，此为“犍为”作为县名之始。自此沿用，即为后来的犍为县。

这是一般四川历史地理典籍里常见的解释。但对“爲”字的解释，显然被《说文解字》误导了。

字上部是爪，归于“爪部”。《说文解字·爪部》解释说：“爲，母猴也。其爲禽好爪。爪，母猴象也。下腹為母猴形。”许慎到底见过猴子没有呢？我深表怀疑。

爲是会意字，甲骨文、金文、篆文写出的字形大体近似。初文只是在左上画了一只手，正在驱使、或者指挥一头大象。从甲骨文里可以看出，大象生动，造型比较明显。再看爲字书写的演变——甲骨文、金文、篆文多有变化，但上为爪（手也）、下作象之形，就连象的鼻子、四足也明晰可辨。即使写作楷书正体，也十分象形，只是后来依照草书形状搞出来的简体字“为”，才让字形与真相毫无关系。“爲”本来的意思，就是役使大象有所“作爲”，“爲”人服务。罗振玉《殷墟书契考释》据金文和石鼓文的“爲”，训为：“从爪从象，意古者役象以助劳，其事或在服牛乘马之前。”并认为古人驯服大象在驯服牛马之前，才将大象役之于土木、耕作等工程。这一点上，他比许慎高明多多。

关于爲字，也可从舜姓妫的资料里得到进一步佐证。先秦之姓多带女旁，如姒、姬、姜、嬴等，妫去掉女旁为“爲”，这个爲字，上端像一只人手抚摸，下半则是大象的象形。合起来看，“妫”的释义应是驯象员。舜的祖辈应是掌管大象的训练人员。

前316年秦并巴蜀之后，广开“西南夷”，有点像现在的城市摊大饼运动。在森林覆盖密度极大、人口稀少的西南地区推行“文明”，无数生存着的植被、动物遭到了前所未有的浩劫。我在雅安、乐山、成都金沙博物馆等地，见识过直径达三米、长四五十米的巨型硅化木与乌木，它们至少生长了二三千年。早在开明王朝时代，蜀地的大象，渐为人们所驯服而役使。本地特有的“巴蜀图语”为表意文字，一度“反哺”中原文化。比如，巴蜀历史学者冯广宏先生就对我说：《说文解字》里的“氏”字，许慎的解释是，蜀人用“氏”字形容山上的石头将要裂开但还没有坠落的状态——而蒙文通先生早年率先发表了这一洞见。而在蜀字的二三十种解释当中，其中一种是：蜀字象征大象的头颅和弯曲的长鼻子。而在巴蜀图语里早就有“蜀”的写法（见钱玉趾先生有相关考据）。因此，我怀疑甲骨文中“象”字、“爲”字，就是从“巴蜀图语”演变而来。

蜀州人常璩的《华阳国志》记述很多蜀地物产，特别提到了在蜀地岷山山脉等地有大象。记载固然简洁，却并非语焉不详，古蜀有大象分布是确凿无疑的。战国时期，大象、犀牛在成都尚有分布，古蜀王朝曾经向中原输送过犀牛、大象等动物。日本汉学泰斗白川静在《字统》里就明确指出：“公元前五六世纪前后，长江北岸一带还生息有大象。”这个说法过于保守。因为到了三国蜀汉时代，尚有著名的“曹冲称象”。尽管陈寅恪认为曹冲称象的本事出于印度佛典，他认为地处中原的曹魏境内无象，所以不得不与孙权进献之事混为一谈。这是典型的智人失察。因为后来的历史地理学者曾总结过大量正史中出现野象的记载，南北朝时今安徽、湖南、江苏，直至北宋时今湖北等地都出现过野象闯入被猎杀的记载。

商周时期长江流域和四川盆地气候温润，土壤肥沃，林木茂盛，河流纵横，湖泊众多，比黄河流域更适宜动物繁衍，曾是亚洲象重要栖息之地。《山海经·中山经》说“岷山，江水出焉……其兽多犀、象”。《山海经·海内南经》有“巴蛇食象”

之说。《国语·楚语》中也有“巴浦之犀、犛、兕、象，其可尽乎”的记述，徐中舒先生据此认为“此皆益州产象之征”。三星堆和金沙遗址考古发现，便强力地印证了“中次九经”中记述岷山、大巴山地区多象的记载。三星堆二号坑出土有67根象牙，金沙遗址出土的象牙数量，竟然有数吨之多。这些亚洲象的象牙就是从古蜀境内的象群中获取的，并非外来品。

巴蜀历史学者黄剑华指出，考古发现还揭示了古代蜀人对大象具有一种特殊的崇敬之心，在古蜀时代的各种祭祀活动中，通常都将象牙作为敬献给神灵的最重要祭品。譬如三星堆出土的玉璋图案中，就刻画了古代蜀人将象牙与玉璋一起用于祭祀神山的场景。金沙遗址出土的一件玉璋残件上，也刻画了一人侧跪肩扛象牙，生动地描绘了祭献象牙的情形。还有三星堆出土的大型青铜立人像，双手环抱于胸前作虚握状，执握的很可能也是弯曲的象牙，表达的也是将象牙祭献神灵之意。（《华阳国志故事新解》，四川人民出版社2014年2月版，21页）

关于蜀象，钱锺书《管锥编》之《太平广记》第一八九条记载：“《阆州莫徭》（出《广异记》）老象足中有竹丁，乞人拔之。按同卷《华容庄象》（出《朝野佥载》）事类……阆州之象酬莫徭以‘酷大’象牙，售价百万。”阆州即今天的四川阆中。古蜀王朝一直有野生大象生存，已成不争之事实。此条虽出自志怪传奇，但作者戴孚生在唐初，其笔记记录颇资采信。

我们再回到现实里扑朔迷离的“犍为”。

郡名“犍为”一直保留下来，至今已有1400多年。徐中舒先生认为：“凡地名之以象、鼻等为名者，疑皆象曾经栖息之地。”古蜀地多象，古蜀族崇象，所以“蜀”字表达了古蜀先民与象的亲和力。西汉广开“西南夷”以后，因为气候环境的变化，人为的大量垦殖，象群逐渐南迁。黄建华认为，由于象群的远去，蜀人产生了怀念，因而有了“想象”，这个词的初意就是表达对象的想念，也由此可见蜀人与象的情感。（《华阳国志故事新解》，四川人民出版社2014年2月版，21页）

这一解释，是为洞见。我以为，广阔的“犍为”境内，是野牛、大象的栖居之地，尽管未必是“诗意”的。这进一步暗合了学者朱大可的观点：古蜀地乃是中国的“想象”之地，至少是当时逸出黄河文明一块“想象”的飞地。蜀人自古好文，辞赋、诗歌异常发达，远离他们南迁而去的大象，在“想象”之中上天入地。

写到这里，可能出现的学理漏洞在于：为何成都平原没有发现野生大象骨骼或化石呢？

双流县（今双流区）三星镇鹿溪河的一条支流流经双堰村，村里有座桥叫牛头寺桥，村民便把这条河叫作牛头寺河。2005年，双流县文物管理所工作人员确认，在河的拐弯处打捞出一块长约1米、足有5公斤重的动物肱骨化石。村民说，河里还有很多类似的动物骨头，也都跟这块肱骨差不多。经考古鉴定，这是大象的一块腿骨。经分析，这是一头年龄在20岁左右的大象，大约有3米高，体重约4000公斤，属于第三纪的生物。考察三星双堰村的地质构造后，有学者认为，大象一般生活在海拔1300米以下，因此双流县一带极有可能就是大象生存的地方。不仅如此，除了恐龙不可能在这里出没外，其他很多动物都有可能在这里生存过，而且呈现出生物多样性的特点。如今这块大象化石就保存在双流文物展览馆里，它的发现佐证了古蜀有象的不争事实。三星镇位于四川省成都市南端，地处山清水秀的龙泉山脉中段，毗邻仁寿县、简阳市，就是说，龙泉山脉一带均是亚洲象分布地带。

不仅如此，遂宁市安居镇琼江陶家滩河段，近年也发现了多个距今4万年的野生象化石。

进一步考察词源，可以发现“想象”一词属于“出口转内销”。

“想象”一词源自日语“想像”（sozo），而日语译自英语imagination。但是，古汉语里有“想象”一词，最早出现在战国时期的《列子·汤问》中：“想象犹吾心也。”再如《楚辞·远游》：“思旧故以想象兮，长太息而掩涕。”这里指的是“想念”，与现代汉语“想象”意义不同，不能据此以为古已有之。这也可以看作是诗歌的一种“发生学”：首先是无尽地想念，然后想念腾空而起，神驰四极，想念与想象乃是诗与歌的双翼。

查阅上海辞书出版社1984年编辑出版的《汉语外来语词典》，收录的是到那时为止已经进入近代或现代汉语的外来语（字、词等）一万多条，“想象”一词位列其中。我估计这一来源，是1869年间出版的由德国传教士罗存德编纂的《英华字典》。学者们将“园艺”“侵犯”“蛋白质”“阳极”“映像”“副官”“银行”“麦酒”“公报”“想象”“碳酸”“阴极”“克服”“保险”“白旗”“自由”“文学”“元帅”“原罪”“受难”“原理”“特权”“宣传”“右翼”“法则”“记号”“随员”“寒带”“热带”“吨”“恋爱”“读者”等等词汇进行了汉英对译。这样，它被洋人送回到了现代汉语里，但依然散发远古的光辉。

我在有关张献忠征战西南的史料里，发现他的部队在四川等地广泛使用过战象，而大象来自云南。1651年刘文秀进攻吴三桂镇守的保宁府战役中，刘文秀带来了13头战象，其中死亡了3头，他大败，最后骑在象背上渡过嘉陵江才逃过一劫……这是大象在四川出没的最后时刻了。

“想象”用“象”而不用“像”的最佳剖析术，是来自战国末年韩非子的观点：“人希见生象也，而得死象之骨，案其图以想其生也，故诸人之所以意想者，皆谓之象也。今道虽不得闻见，圣人执其见功以处见其形。”（《韩非子·解老》）就是说，正是由于很少有人见到活象，古人只好通过获得的象骨、象牙来想象、复原活着的大象。我们闭眼再想象一下吧，人们没有去想狗、想牛、想犀（远古成都平原也有犀牛）、想老虎，道理在于这些动物或过于寻常，或难以驯服。想象出来的虚象，就是意象。此时的“象”，不再受具体形式宰制，成为了消失的大象留给人们的灵魂造影。

成都最早的城市规划

古蜀人最早在小郫（今彭州）建市，继在大郫（今郫都区）建邑。因郫邑低湿，常为水患所侵，于是又在邑外东界的赤里开拓出一个新的市场，这就是最早的成都市。最初市场聚集在西边的小城（即少城），以后又在东边建立大城。赤里成为都城，命名为成都。

近年来在成都市区十二桥发掘出一大片约1200平方米面积的、相当于殷周时期的木结构“干兰”式房屋建筑遗址。这是目前我国发现的多处“干兰”遗址中，木质桩柱以上建筑结构件和房屋形状保存最完整的一处遗存，其建筑规模宏大，已是宫殿和聚落格局，应算是目前发现的成都最早的城邑。这种“干兰”式建筑来源于树上的巢居，据说有巢氏就是四川人，成都人就来源于古巴蜀这种巢居氏族。这种巢居和“干兰”式建筑源远流长；直到秦汉时期成都民房的栈居样式，甚至今日竹木结构的“楼居”和吊脚楼，都是巢居的遗风。可以说，巢居、笮桥（即竹绳桥）和栈道，是巴蜀地区巢居文化的三大特色，而古代的成都恰恰是这三种物质文化发展的中心。

近年成都后子门区域也发现大量文化遗存。这是一片接连带给考古学家惊喜的福地。通过这些文化遗存，不仅可以判断这一区域是当年成都的权力核心区域，也为秦汉时期成都城市发展迎来的第一次繁盛期提供了考古学依据。

公元前316年，秦灭蜀，在蜀地设蜀郡，公元前311年，张仪、张若兴筑成都、郫城、临邛三城。他们仿制秦都咸阳，对成都城重新进行了规划和设计。当时的成都城包括大城和少城。大城以原蜀国故都城址为基础，“周围十二里，高七丈”，城郭下有“下仓”，可以作为仓库；城垣“上皆有屋，而置观楼射兰”。大城为蜀郡治所，以政治、军事功能为主；少城为成都县治，手工业者和商贾集中于此，为城市的经济重心。

秦庄襄王时期，蜀守李冰出任蜀郡守，着力治理岷江水患。除了建设都江堰分流工程，还把湔堰所分内江两大支流——郫江与流江分别引导到了成都城下和城内，因此，当时成都“引渠皆可行舟有余，则有溉浸，百姓飨其利”。李冰“穿二江”的伟大举措，为成都城市提供了稳定丰富的水源，定是成都在2000余年发展中城址不变的重要因素。

秦筑成都城时，在大城中“市张列肆”，即在大城中修建了集中交易的市场。李冰“穿二江”“建七桥”，并将原本在大城中的市场迁到城外的“两江”之间，遂形成了成都“两江珥市”的城市格局。

汉代成都有了卫星城

汉代的成都继续延续了这种城市功能区的分工，大城依然是成都的政治中心。成都文物考古研究所在四川大剧院古遗址还发现了一座巨大的东汉时期夯土台。它南北长39.5米，东西宽22.9米，台阶高0.2～0.65米，平面上有3排柱础坑，直径达1.1～2.5米，由此可以想象夯土台址上的石柱的粗大。在夯土台周围，还发现了大量由精美纹饰和“大富贵”“大富昌”等吉祥文字组合在一起的汉代瓦当，以及模印有花纹的铺地砖。当年建筑的壮观和精美，由此可见一斑，同时也可以推测出当年这里绝非普通的民居。

历史学家罗开玉先生认为：“这里开始作为蜀郡郡府的上限，应在秦修成都大城时；而下限至蜀汉灭亡，即该郡府衙门遗址使用时间竟长达约570余年。”

许多见诸史册的历代高官如秦国的张若、李冰，汉代的文翁、公孙述、张堪、张穆、第五伦、陈宠、廉范、王子稚、王商，三国蜀汉的法正、杨洪、吕乂等均在此主持公务。

汉代成都的规划布局出现了新的特点，即崛起了两座卫星城——锦官城和车官城。锦官城建在成都夷里桥南岸道西，即现在南河南岸从百花潭到南河桥一带；而车官城则建在锦官城的西南方向。两城相望，是成都的“工业区”。

汉代成都手工业高度发达，尤其是织锦业和造车业具有相当的影响和规模。汉朝政府在成都设有车官，负责制造车辆等运输工具。制工场位于少城城西的检江北岸，因是为军事服务，故工场所在地筑有城墙，城四周设有多座军营城垒。锦官城生产的蜀锦尤为著名，成都也因此有了“锦官城”的别称。

不单蜀锦，在汉代成都漆器也成为全国最大的以官办为主的漆器生产基地。罗开玉先生说：“从西汉中期至蜀汉约三百年间，漆器是成都的拳头产品，上供皇室，行销全国各地甚至外邦。”在生产漆器中，成都人还首创了镶嵌金银丝的技艺，使用这项技艺的“釦器”，成为成都漆器的代表作。成都的其他手工业，如制盐、冶铁、冶铜、兵器、制陶、烤酒、制茶等，在汉代也得到长足发展。在秦时，官府即在成都设立了大型官营作坊“东工”。汉承秦制，在成都城西郊外设“西工”。这时的“西工”大大超越了“东工”的规模，估计最多时工匠上万人。

汉代成都已经是一流大都市

生产的发展，带来成都城市的繁荣。至西汉末，成都人口已达7.6万户，仅次于首都长安的8万余户。按人口计算，显然是全国第二大城市。

生产的发展，也促进成都商业的兴盛。约在西汉中期，蜀郡第一个在成都的市场设置了“市长”，也就是市场的管理者。据历史学家谭继和考证，这即为“市长”这个名称最早的由来。这个“市长”的级别，相当于县长，由蜀郡府直接任命。

至今，我们还能从当时文人墨客的记载中，窥见汉代“成都市”的繁华。西汉扬雄在《蜀都赋》中描述了他眼中万商云集的“成都市”：“东西鳞集，南北并凑，驰逐相逢。周流往来，方辕齐毂。”“万物更凑，四时迭代……财用饶赡，蓄积备具。”后来，左思在同名的《蜀都赋》也羡慕成都：“市廛所会，万商之渊。列隧百重，罗肆巨千。贿货山积，纤丽星繁。”

汉代的“成都市”是时人心目中的财富之城、梦想之地。

晋代常璩在《华阳国志》中就记载了这样一个故事：传说汉武帝广开西南夷时，僰道令负责修路，“费功无成，百姓愁怨”，钦差大臣唐蒙下令将其斩杀。临刑前，僰道令仰天长叹：“恨不见成都市！”没有见识过“成都市”的繁华，成了死囚僰道令最大的遗憾。唐蒙动了恻隐之心，遂搭建了一座“成都市”模型，让他观赏后斩之。

王莽建立新朝后，宣扬“托古改制”，在全国六大都市推行他的“五均赊贷法”，在这些城市中的“市”设立“五均官”。全国这六大都市分别是长安、洛阳、邯郸、临淄、南阳和成都。汉代成都作为国家级大城市，已经得到了官方的明确认定。

历史学家谭继和认为，从成都出现市邑到成为巴蜀经济中心，经历了漫长的过程。秦汉时期，成都城市的发展进入到第一次繁盛期。至汉代，成都已经无可撼动地确立了自己作为西南最大经济中心的地位。

成都是“西楼”意象的发源地

西楼乃思念之地

西楼、西窗、西厢、西宫、西阁、西亭……一直是古人诗文中的特殊地望，作为表达相思、哀怨的一系列凄美意象，成为古人寄托情欲的欲望建筑。相思俨然是古人的“第一推动力”，依此而来的观望与对视、畅想与出神，反哺了西月、西岭、西梅、西江、西山、西风、西园等自然景观，使之峭拔而起，氤氲四散，虚与实的卯榫严丝合缝，矗立起巍然的中土相思建筑学的透迤空间。

“西楼”一词最早见于六朝诗歌。南朝宋诗人鲍照的《玩月城西门廨中》一诗中有“始出西南楼，纤纤如玉钩”之语，稍后于鲍照的梁朝诗人庾肩吾《奉和春夜应令》诗中有“天禽下北阁，织女入西楼”的诗句。西楼一立，随之而来的，是“西楼”鳞次栉比，在宋词里铺排蜿蜒，成为密集建筑群落。如：晏几道的《蝶恋花》：“醉别西楼醒不记。春梦秋云，聚散真容易……”李清照的《一剪梅》尤为著名：“红藕香残玉簟秋，轻解罗裳，独上兰舟。云中谁寄锦书来？雁字回时，月满西楼。”场景的布局是：月圆时分人未圆，雁已归时人未归，独自一人空守西楼，百结愁肠，眼前清辉满楼如银，银的光辉加剧了凄清，真是让人潸然而涕下啊！

好了！“月满西楼”开始滥觞，月光漫溢而下，有西楼的人赶紧去楼上对接，没有西楼的人家瘾癖一旦发作，只好以自己的脑袋去盛载离愁，这叫注水。我们所有的文人，骈四骊六，甚至连时下的中学生们，一写到月下场景，就自动开启了“月满西楼”的阀门，以玻璃的红酒高脚杯，盛载古人的琥珀光。有时，听到歌厅里公鸭嗓子还在怒吼“无言独上西楼，月如钩。寂寞梧桐，深院锁清秋……”我们走在大路上，我立刻就要晕倒。

问题是，怎么个“月满西楼”法呢？

在中国古代天文学中，把天上的星相分为五宫，即“东西南北中”。仰观天象、俯察地理的古人自觉对家居房间的布局分配予以对应，以南向为尊，则尊长居住面南之屋即北屋。“日归于西，起明于东。”因为东为阳、为大，也为贵，东边的屋子是子孙们住的地方，比如“东宫”成了太子的代名词，“东床”成了乘龙快婿的别称。

西边属阴，为次，甚至为贱。

蜀地远古为泽地，就是《华阳国志》所言的“陆海”，曾经有一个诗意的称呼，叫做“梦郭”。开明王自梦郭移，就是把梦郭泽地整理出来，成为农耕文明最为发展的区域。就成都而言，城之西边为郫。《资治通鉴·音注》记载：“郫，即卑邑也。”根据此说，古时郫县地处卑洼之地，蒲草丛生，故称卑邑，合写为“郫”。西方地界照应的人物主体是望郎人、思春少女、哀婉的侍女、感伤韶华流逝的美妾一类人，西楼也就成了女子的居所与性别指向，显然具有一种幽微的美学气质。

而这些地望与堪舆的知识，基本上是汉朝以及汉朝之后兴起的，是作为中土的文化主脉——黄河文化向南覆盖的结果。而早在中原文化尚未进入封闭的、自成体系的古蜀时期，蜀地的西楼，已然崛立。而且，成都名为“西楼”的建筑不绝如缕。

成都的西楼

陈光表先生作《成都西楼考辨》（载《成都文物》1986年1期）一文，指出成都历史上称作西楼的地方计有四处。其一，即在武担山的望妃楼。其二，张仪楼。位于成都城西门城楼，“约在今多子巷以北至商业街以南之间一带”，楼高百尺，又名百尺楼。上述二楼大约在南宋乾道年间（1165—1173）已完全消亡了。其三，成都府西楼。位置在成都府治内的西园，故又称为西园西楼。“府西楼在五代蜀宫宣华苑，北临摩诃池，与众熙亭、竹洞、方物亭、圆通庵、琴坛、流杯池、乔柚亭、锦亭等十处构成豪华的景观系列。其中又以府西楼为中心。”

此处即汪应辰延集名工巧匠镌刻《西楼苏帖》的西楼，其址约在现在成都实验小学附近。其四，爽西楼即宋朝赵抃所建，赵抃于北宋治平元年（1064）以龙图阁学士知成都府，后迁，至熙宁五年（1072）复知成都三年，爽西楼即赵抃复知成都次年（1073）时所建，遗迹荡然，无从追寻了。

其实呢，望妃楼在成都城以西，并非武担山本身。

春秋时期，蜀地开明王朝正处盛世。自杜宇以降，蜀王似乎具有多情的地缘传统，听说武都有一位美貌如花的丽人，便召来一观。武都远离蜀地千里，丽人跋山涉水朝觐开明王，龙心大悦，武都妃顺理成章成为蜀王的掌上明珠。蜀王对之宠爱有加，还命臣下写了一首《东平之歌》取悦于美人，但她到成都后水土不服，加之思乡心切，忧郁成疾，一病不起，不久就香消玉殒。

丽人过于妖冶，容易遭人诟病。中国古代四大妖姬妹喜、妲己、褒姒、骊姬，来历总与邪道有关。尤物非凡品，来历自然需要一番曲折演绎。《华阳国志·蜀志》记载："武都有一丈夫，化为女子，美而艳，盖山精也。蜀王纳为妃。"清朝文人查礼（1716—1783）历官庆远同知、太平知府、四川宁远知府、四川按察使、布政使等，其在《铜鼓书堂遗稿》里收录了他的纪诗《游武担山》后注释道："天生妖孽，由人致美，男化女事，颇异。血虫之蛊，盖山精……"这已彻底落入男权窠臼。丈夫、山精、女子、尤物得到了演义的合理转化，也就是说，文人们对此进行了"去性别""去来历""赋予妖冶性力"等一系列妖魔化描述行动。

先秦蜀地无姓，命名为武都妃。这一记载的时间背景，约在周显王在位年间（前368—前321）。

武都妃去世之后，开明王置巴蜀阆苑仙境于不顾，一味伤悼不已，为之谱写了《臾邪歌》《龙归之曲》（歌词皆亡佚。学者李金彝认为是“陇归”，暗示武都妃来自陇属之地），两首歌曲都说明开明王对宠妃的深切思恋。蜀王吟唱不已，三日不食不饮，大声祷告上苍，大呼“还我妃来！”决定使用王妃家乡的泥土为其建墓，如同她的灵魂返归了故乡，让魂魄得到安息，归乡之路在权力的干预下变得十分便捷。他派出5个大力士，千里迢迢去武都妃故乡挑土。

要去武都挑土，无论武都是指现在甘肃陇南的仇池山武都，还是绵竹的伏虎坪武都镇，另有学者考据“武都”应是用汉字对古白马氐族语言的记音，指的是居住于仇池山一带氐人的自称，这些点位均道路艰险，力士走的是小道或架设的栈道。挑担的人只能用左肩挑担，不能换肩，故又称“左担道”，这暗示了由北向南、向西进入蜀地都城的行走方位。大力士费尽千辛万苦将泥土挑回成都，建成七丈高的王妃墓。王妃墓高大如山，由在墓葬之地加盖一面巨大的澄澈石镜，两侧加立石阙，名武担山。《寰宇记》指出，武担山在府城西北一百二十步，一名武都山。近世考古证明，墓上土质与成都本地土质明显不同。

武担山为长圆形，宛如蜀王的一滴眼泪，中凹而东西凸出，因而二个凸出之处，又名东台、西台。宋朝诗人陆游就有“东台西台雪正晴”诗句。由于成都少城的中轴线是由北往南向的长顺上街，“龙脉”当在武担山。宋朝开始，成都城堪舆学峰起，以武担山为“靠山”，以红照壁为“案山”，将山川风水格局形表于大城内，延续至今。

南宋罗泌《路史》里提到了武担山的石阙与石镜，后来

《蜀中名胜记》基本予以转录，指出开明王在建造了占地数亩、高七丈的坟茔之外，还为之建造了“二石阙，石镜”，石镜“厚五寸，径五尺，莹沏”，“镜周三丈五尺”。重要在于，这是我们见到的蜀地出现石阙、石镜的最早记录。

汉代扬雄《蜀王本纪》对蜀地开明王朝在成都城内建立有七宝楼、望妃楼以及鸚鹉舟的记载，说明在秦灭巴蜀之前，蜀国都城里已有宫殿建筑和蜀地第一街赤里街等通道，但开明王所筑蜀王城范围较小。另据《华阳国志》载：“惠王二十七年（前311），仪与若城成都，周回十二里，高七丈”，后世称为“大城”，又叫“子城”。大城北近武担山，南至赤里，是蜀侯、蜀相和蜀郡守治所所在地，为成都的政治中心；少城在大城之西，是成都县治所在和铁官、盐官、市官等商业机构所在地，为成都的经济中心。“二城并列”的格局，古人称为“层城”或“重城”。成都的城垣格局承续了二千多年，到明清时期再出现“三城相套”，成为中国古代城市格局的一种重要类型。

蜀王思念王妃时便到王妃墓前徘徊，后来干脆在蜀王宫修了一座望妃楼。宋代赵抃（1008—1084）曾在成都为官，熟悉成都历史与风物，他的《成都古今记》记载说：“……望妃楼亦名西楼，闻明妃墓在武担山，为此楼以望之。”这是第一次文字记录成都“西楼”的出典，口口相传，西楼一说在民间应流传了很长时间。我估计，它落成时的名字应该就叫西楼。望妃楼的命名是旁观者着眼于其功用性质，开明王如果命名它叫望妃楼的话，就相当于一个体面之人公开发布情书。

望妃楼在成都子城西北之隅，秦汉时的成都子城西北隅，相当于现在成都市青羊区骡马市以北的王家塘街一带。此地距离武担山直线距离不到一公里，开明王登楼，属于典型的“北望”。开明王登高运目，目光如炬，穿云破雾，仰天俯地，感情的根须横斜，倒也条缕纷呈。西楼建筑华丽，采用珍珠为帘，足以显示出身在高位的帝王对于思念之道的不可或缺。我们甚至可以说，蜀王理直气壮地开启了一种隔空相望的权力相思学。这也体现出高位人群扑下身子俯身基层的意象，开明王率先垂范，爱情就是平等的。

明朝曹学佺《蜀中名胜记》载：武担山曾被“武陵王萧妃掘之，得玉石（棺），棺中美女，容貌如生，体如冰，掩之而寺其上。”这是说武都妃坟墓（武担山）被盗掘，发掘出武都妃的尸体，是大美女一个，容貌如活人一般，身体冰清玉洁。盗贼取宝后便把丽人再次掩埋，并在墓地上建立了一座寺。这也提示了蜀地佛教寺院的最早本土化。在我看来，神话学者叶舒宪说过：诗，乃言之寺，所建并非一定是佛教之寺，这也暗合了蜀地的诗脉流传。

武担山落成后，一直是成都的重要人文景点。唐朝诗人王勃从武担山上向成都城中望去，只见重楼叠阁，具有“磊落名都之气”，成都不愧为“三蜀之奇观”。到宋代，成都士庶最喜欢游玩的山有学射山、海云山和武担山，可供赏玩之水则主要有摩诃池、浣花溪、锦江、江渎池、万岁池等。

西楼的娱情与游冶

西汉设立蜀郡以后，成都的园林也呈蔚然之势。宋代的成都几乎成为园林之都。时有西园、合江园、东园、中园、赵园、刘园、房季可园、王氏庄、瑶林庄等等都是当时著名的官家或私家园林，其中尤以成都府西园为最，游乐铺排，盛极一时。

西园是宋代成都府路转运司在后蜀权臣故宅基础上营建的规模最大的园林，也是成都最著名的官府园林。吴中复《西园十咏并序》指出："成都西园楼、榭、亭、池、庵洞最胜者凡十所。"内有西楼、众熙亭、竹洞、方物亭、翠柏亭、圆通庵、琴坛、流杯池、乔柚亭、锦亭。"（李勇先主编《成都旧志》第3册，成都时代出版社2007年版）其中尤以西楼名声远播，不愧为"为成都台榭之冠"，充分体现出宋代成都园林空间里，上流社会与大众可以在娱情的桌面上一碗水端平；同时凸显出园林与绘画、艺术演出、酒宴纵情紧密结合的地缘特点。宋代眉州彭山人吕陶在《重修成都西楼记》就指出："此而不葺，殆非修旧起废，悦民便俗之理。"

吴师孟《重修西楼记》也说："成都楼观之盛，登览殆遍。独西楼直府寝之北，谨严邃静，非参僚宾客不得辄上。每春月花时，大帅置酒高会于其下，五日纵民游观，宴嬉西园，以为岁事。"自赵抃知益州开西园接纳民众游观以来，这里成为成都士庶游乐的理想去处。费著《岁华纪丽谱》特意指出，宋代成都的寒食节，官府"辟园张乐，酒垆、花市、茶房、食肆，过于蚕市。士女纵观，太守会宾僚凡浃旬，此最府廷游宴之盛。近岁自二月即开园，踰月而后罢"。甚至出现了"酒人利于酒息，或请于府展其日，府尹亦许之"的宽容情况，官府竟然为了商家的"酒息"而延缓关门时间，反映了宋代成都城市居民休闲娱乐观念的进一步松弛。

也就是说，官府的激情一旦膨大，一切皆可商量。

还有更为精彩的在于，西园还有精彩的杂戏和木偶戏演出。杂戏在唐时成都已落地开花，到了宋代，成都杂戏公开演出的规模空前，并首次出现由民间酒商出资、在官府园林举办长达数月的杂戏演出活动。庄绰《鸡肋编》卷上说：北宋“成都自上元至四月十八日，游赏几无虚辰。使宅后圃名西园，春时纵人行乐。初开园日，酒坊两户各求优人之善者，较艺于府会。以骰子置于合子中撼之，视数多者得先，谓之‘撼雷’。自旦至暮，惟杂戏一色。坐于阅武场，环庭皆府官宅看棚。棚外始作高撜，庶民男左女右，立于其上如山。每诨一笑，须筵中哄堂，众庶皆噱者，始以青红小旗各插于垫上为记。至晚，较旗多者为胜。若上下不同笑者，不以为数也。”从中可见成都西园戏剧演出期间官与民同乐的盛况。

成都的西园，无疑把西楼所具有的全部功能，予以了现实主义的落地与铺排。列位看官，这是否是“盛世”之兆呢？！由此可见蜀地人特有的因地制宜情结。

西园的位置，即在盐道街的盐茶道衙门。雍正年间在西园故址上修建，名盐茶道署，后焚于火，乾隆七年时重建，盐茶道署银子多多，官衙特别考究，高屋重阁，气象阔达。有人指出，具体的地理空间，就是现在的盐道街中学。

成都城的西面朝向，历来是蜀地人文血脉的来源之地。成都的西楼，地望既在成都城之西，又是开明王怀念王妃的大本营，又是官人、民众娱情的所在，这就等于把传统意义的“西楼”窄逼空间予以了多向度拓展。所以，作为成都的第一座西楼，自然是开明王建立的望妃楼，建立时间至少在战国时期或战国之前，这应该是中土建立西楼的肇始，所谓中土最早的相思楼台，无疑正在于此。其意义还在于：成都的西楼，是帝王怀念一位“山精”，这也是由男变女的最早记载。西楼的首创，确为寄托男人对女人的思念，而非相反。

古蜀国的望帝、丛帝有坟茔，但柏灌、鱼凫等都没有坟茔，十世开明王自己也没有留下坟茔，古蜀王朝的王后都没有坟墓，沧海桑田，唯独武都妃留下了坟墓并且保存至今。尤物化险为夷，武担山自有非凡的意义。

摩诃池一线的休闲生活

花蕊宫词中描述的植物

成都历代筑城都是在城内外大量取土，由此形成新的人工池沼。这些池沼面积往往较大，著名者有：张仪筑秦城所形成的城西的柳池、西北的天井池、城北的龙堤池、万岁池和城东的千岁池，其中最著名的是城北的万岁池。摩诃池是成都另一处具有重要文化意义的人工湖泊。如果说墨池散发的是传统士大夫的墨香，那么摩诃池折射出的就是皇家林苑的堂皇富丽。

摩诃池最早出现在隋朝。隋炀帝开皇二年（586），镇守成都的蜀王杨秀再次扩建成都子城，挖土筑城，土挖得太多形成了偌大一个人工湖。一位西域僧人云游至此，开口说“摩诃宫毗罗”（梵语），意思说这里广大有龙，湖始名“摩诃”。清李元《蜀水经》记载，流江“又东为金水河，入成都县城，汇为摩诃池，又东酾为解玉溪，又东穿华阳县城而出，入油子河”。引自城西流江的“源头活水”，构筑了成都城市完整的河湖水系。水利专家陈渭忠在《摩诃池的兴与废》一文（《四川水利》2006年5期）中称，摩诃池修成之初面积达500亩，随着唐代将郫江水和解玉溪水引入摩诃池，摩诃池的水量变得十分充足，经过后蜀扩建，水域面积在1000亩左右。2015年初春，我采访成都市文物考古队易立研究员时，他明确指出：

“按照史料上记载摩诃池占地达百余亩地的面积测算，以成体中心南侧为坐标（原点），以西至现在的西华门街，以北至骡马市，这个范围均属于摩诃池。”

五代十国时，四川先后建立了前蜀、后蜀，但青史留名、广为传诵的不是皇帝的文治武功，也不是文臣武将的功勋，而是花蕊夫人其人其词。这个命名具有“一名多义”，我以为更多的富含了古蜀王朝自开明王以来固有的热爱美女的遗风。花蕊夫人得名于前蜀开国皇帝王建的妃子徐氏（约883—926），成都人。宫号为花蕊夫人，后来封顺圣太后。当时她们两姐妹都得到王建的宠爱。大徐妃为王建生下儿子王衍，后被立为皇太子。王建当上皇帝后突然驾崩，王衍继位后荒嬉无度，对吃喝玩乐十分在行。而大、小徐妃更是结交宦官卖官鬻爵，弄得不成体统，后唐庄宗乘机灭掉前蜀。这就让我们可以发现，在蜀地成都，也出现过西施、郑旦类似的尤物，而且多为色才并置的美女，并非花瓶式人物；另外，前后几个小皇帝均是风流倜傥的雅人。也许正有如此宽松、诗意的氛围，于是才有《花间集》与《花蕊夫人宫词》的诞生与流传。

在现存花蕊夫人的101首宫词当中，主要篇幅多是描绘以摩诃池环绕的后蜀宫殿、亭榭、廊道、花园的四季景色。我比较关注她作品里涉及的各种植物，这不但可以看到晚唐、后蜀时期成都的风尚，更可以发现宫廷选择这些植物进一步成为景观花卉的历史。其实，这也是陈寅恪先生创立的诗中有史、以诗证史研究法的一种尝试。

人工湖摩诃池到唐代中期已成泛舟游览胜地；到五代，摩诃池为前、后蜀宫苑。花蕊夫人《宫词》之“三面宫城尽夹墙，苑中池水白茫茫。日午殿头宣索鲙，隔花催唤打鱼人。嫩荷花里摇船去，一阵香风逐水来……”说的就是环摩诃湖宫城两岸的花木扶疏之中，有渔船穿行其间……好一派湖光山色！

《蜀中名胜记》记载说，王衍即位便修治宣华苑，乾德三年（921）落成，宽十余里。有重光、太清、延昌、会真之殿，清和、迎仙之官，降真、蓬莱、丹霞之亭。土木精工，穷极奢巧。王在其中作长夜饮宴，嫔御杂坐，舄履交错。后蜀沿袭其习。孟昶于广政初年令国内选送良家女子入宫，年龄为十五岁至二十岁。其中被特别恩宠的升为“修仪”，奉令移住于龙跃池畔的院中。后蜀时，龙跃池东、西、南三面皆是宫殿建筑，故朝罢接驾时，宫女都站立在堤上，形成了“满堤红艳女，伫立绿杨风”的盛况。花蕊夫人描写了桃树、杨柳、竹、梅、牡丹、荷花、白藤花、红豆、海棠花、海石榴、梧桐、樱桃、栀子花、芍药、荇藻等等，尽管没有写到脍炙人口的蜀葵（俗称一丈红），推测起来，应该那时的蜀葵尚未被慧眼相中，艳在民间，因而无法侧身宫廷。

比如宫词十九首：“梨园子弟簇池头，小乐携来候宴游。旋炙银笙先按拍，海棠花下合梁州。”海棠为蜀地名花，也是蜀宫名卉。唐代蜀地已有重瓣海棠为人珍视。蜀地的古嘉州、昌州（荣昌）都有散发香气的海棠，皆为其他之地所无的品种。最早宋朝人沈立的《海棠记》、宋祁的《益州方物赞》等书列有香气四溢的重瓣海棠，都记载了这一蜀中名花。记得2011年我到荣昌县参加川渝笔会，当地人说本地的香海棠已失传近百年了，目前正四处寻找这历史的孑遗。

宫词第二十六首：“内人追逐采莲时，惊起沙鸥两岸飞。兰棹把来齐拍水，并船相斗湿罗衣。”这一首点明了一个蜀地古俗——观荷节。时间是每年六月二十四日，为莲花生，名

"观荷节"。采莲的盛况，在花蕊夫人的描写里甚多，见成都与莲荷的深切关系。就像成都的地名荷花池、上莲池、下莲池一样，一座水文化孕育的城市，荷花恰是城市的风仪。

宫词第四十二首："山月樱桃乍熟时，内人相引看红枝。回头索取黄金弹，绕树藏身打雀儿。"《花镜》指出："樱桃一名楔，又名荆桃，含桃，岩蜜，腊樱，朱英，麦英。""春初开白花，繁英如雪，其香如蜜。叶圆有尖，边如细齿，结子一枝数十颗，有朱、紫、腊三色。"朱樱、紫樱味道最美。其正黄者为腊樱。所谓"黄金弹"，即黄铜铸就的弹子，偏安一隅的皇帝老二孟昶，恰恰爱用这种昂贵的弓弹来打麻雀，真是玩物丧志，暴殄天物。

宫词第五十一首里有"漫梳鬟髻着轻红，春早争来芍药丛"的诗句，古代称牡丹为"花王"，芍药为"花相"。据《本草纲目》记载："芍药犹绰约也，美好貌。此草花容绰约，故以为名。"芍药位列草本之首，被人们称为六大名花之一，自古以来就是中国传统节日七夕节的代表花卉，象征美好的爱情。花蕊夫人眼中的芍药，显然已经构成一种象征。成都民间传说中，坚信花蕊夫人最爱牡丹和红栀子，孟昶命官民广种牡丹，并说：洛阳牡丹甲天下，今后必使成都牡丹甲洛阳，还派人前往各地选购优良品种，在宫中开辟"牡丹苑"。牡丹繁盛之下，孟昶除与花蕊夫人盘桓花下之外，人与花互嵌，构成了蜀国一段绮丽史。孟昶更召集群臣，开筵大赏牡丹。那红栀子花据说是道士申天师所献，只有种子两粒，它开起花来，其色斑红，其瓣六出，清香袭人……

宫词第五十八首："牡丹移向苑中栽，尽是藩方进入来。未到末春缘地暖，数般颜色一时开。"

据文献记载，在今川西地区原本有牡丹，但到唐朝末年便绝迹了。王建建立前蜀后，方又从北方引种牡丹到蜀宫御苑。宋代《茅亭客话》一书记载牡丹花：“西蜀，至李唐之后未有此花……。至伪蜀王氏，自京、洛及梁、洋间移植。”京即唐朝京城长安（今西安），洛即洛阳，梁指梁州（治今陕西汉中），洋指洋州（治今陕南洋县）。

至于花蕊宫词里提到的牡丹，我以为是来自著名的天彭山（彭州的丹景山）。蜀王后苑的牡丹，在前后蜀时多是从彭州等地区进贡入宫，故花蕊夫人称作由“藩方”进献。其实，这里的“藩方”，如今距离成都市区不过区区几十公里而已。

摩诃池到南宋已经大部分淤积湮塞，及至明代建蜀王府将摩诃池大半池面填平，残存部分作为王府内苑的池塘，独享一方清凉。清代在蜀王府旧址上建贡院，严肃堂西北隅尚有一小片池水。民国三年（1914）池塘已经被军阀完全夷平成为练兵习武之操场，后再成为堆积民间生活的炭灰、垃圾的“煤山”……这座荡漾了1300多年的城中古池，从此完全消失。

花蕊宫词里的龙骨水车

卢嘉锡总主编、科学出版社出版的《中国科学技术史》的《水利卷》和《机械卷》指出：古代水车是转轮提水机械的统称，按动力分有人力、畜力、水力和风力，因为动力装置不同而有不同形制。用人力或畜力的水车称龙骨水车，利用水流冲动来提水的水车称筒车。东汉及三国时均有水车发明的记载，但那是龙骨水车，唐代始发明筒车，此后开始推广应用。

东汉时水车始见于记载。《后汉书·宦者列传》记载：汉灵帝时太监“十常侍”擅权，其中一个叫张让，搜刮民财，大修园林、殿宇，派掖庭令毕岚“又作翻车、渴乌，施于桥西，用洒南北郊路，以省百姓洒道之费。”“翻车”即是龙骨水车，“渴乌”是水车的提水装置。此车由上下两个链轮和传动链条为主要组件。将此车置于河边，双手摇动辘轳，驱动轮轴旋转，带动木制链条（即龙骨）及其上的刮水板循环运转，不断将水刮入木槽，将水吸上河岸，用来洒水压尘。《三国志·魏书·方技传》裴松之注引傅玄《序》记录三国时的发明家马钧：“居京都，城内有地，可以为园，患无水以灌之，乃作翻车，令儿童转之，而灌水自覆，更入更出，其巧百倍于常。”自张让过了三十多年，到曹魏时期，水车经过改进，不仅提高了汲水效率，而且使之轻便灵巧，只需儿童轻轻摇动就能不断汲水，超过以前的翻车效率上百倍。后来将手摇辘轳改为脚踏拐木，人抓住木架，脚踏动拐木，即可将水汲入，这比手摇的更为省力，据说其提水高度达到了一两米。

那么，在水文化十分发达的成都，水车是怎么使用的？我在花蕊夫人宫词里，发现了一些记载。

花蕊宫词第三十四首记载说：

水车踏水上宫城，
寝殿檐头滴滴鸣。
助得圣人高枕兴，
夜凉长作远滩声。

据《旧唐书·文宗纪》：“大和二年闰三月，府出水车样，令京兆府造水车散给郑国渠百姓以溉水田。”这就说明到晚唐时候，水车的图样还深藏内府，及于民间。孟昶的踏水上宫城的水车，却已是龙骨车。可见这一位后蜀皇帝极有可能是龙骨车的始创者或推广者。这恰是一条重要的古代水利史资料，由此我们可以知道一些后蜀宫廷的生活史料。

由此可以肯定，后蜀时期成都已有类似于高筒车的翻水之车。据《全唐文》记载：刘禹锡的《汲机记》、陈廷章的《水轮赋》，就已经描写了在水岸边供人家汲水用的水车，以及灌溉稻田的水车。花蕊夫人写道，踏水翻上宫墙，就是使用人工脚踏龙骨车提水，然后用来喷洒房屋屋顶，作为一种人工降水，以达到夏日降温的妙用。由此可见，自唐以来，摩诃池作为一个皇家园林休闲之地，无论其软件与硬件建设，不说是独步天下，起码也是独出枢机，目前没有发现比摩诃池龙骨水车这一实情更早的历史记载，无疑体现了蜀人的生活智慧。当然了，这样的防暑降温设备不是寻常人家用得起的，使用者是蜀王孟昶以及侍寝的女眷。

后蜀宫廷里还有很多“奇技淫巧”，比如“独立仙”：“孟昶时，每臈（腊）日，内官各献罗体圈金花树子。梁守珍献忘忧花，缕金于花上，曰‘独立仙’。”（宋代陶谷《清异录》，《全宋笔记》第一编二册，大象出版社2014年9月版，37页）足见成都贵族的生活，精致非凡，但日趋奢靡。

蜀人嗜好香气

日本人中野孤山在其《横跨中国大陆——游蜀杂俎》中记录说，他发现蜀人喜爱带香气的植物，譬如他们不是喜爱桂花的美丽，只是喜爱桂花的芳香。接着他还说：“同样，爱兰不是因为兰草四季常青，而是因为兰花香气四溢。爱梅也是由于梅花的芳香，爱菊亦然。蜀人喜爱一切带香味的植物，嗅觉甚

为发达。”（中野孤山《横跨中国大陆——游蜀杂俎》，中华书局2007年版，155页）

这一记载是针对大众的生活方式，点明了一个十分有趣的蜀中群体审美倾向。其实，晋时蜀人常璩在《华阳国志·蜀志》里，对巴蜀饮食文化特征就概括为“蜀人尚滋味，好辛香”。无论在川菜还是饮品方面，这种“舍本逐末”的地缘倾向就从未改变。

范石湖《成都古今记》指出：“艾子，茱萸之类也，实正绿，味辛。蜀人每进酒，辄以艾子一粒投之。少顷香满盂盏。或曰，作膏尤良。”“艾子”为蜀方言。木艾，即艾草，一种香草。茱萸别名藙、榝（shā），分吴茱萸、山茱萸、食茱萸。前二者入药，后者入馔入药两可。茱萸果实色红、味辛，所以又称辣子，或称樗叶花椒，还有欓子、艾子、枣皮、蜀枣、蜀酸枣、药枣、肉枣、山萸肉、萸肉、汤主、魁实、鼠矢之类俗名。

蜀人最看重的在于茱萸具有的辛辣味道，鲊羹汤饼茱萸香，茱萸入馔的历史十分悠久，可以追溯到西周。

而小小的茉莉花，俨然弥合了、点染了蜀人的生活方式。

茉莉花在南北朝时期由印度传人，“移植于南海，南人怜其芳香竞植之”。广州就是培育外来奇花异草的场所，位于城西的“西园”，栽有大量的茉莉和素馨。此后，茉莉花不断向北移植，传入福建，又因其清香灵秀特性，而得到巴蜀、江浙的偏爱，“浙中人家，以为嘉玩”。到了南宋，茉莉花无论是用作簪插花抑或盆种花，都盛行于都城，掀起夏月的茉莉花热潮。北地长安也为它的到来垦辟了园地。宋诗人许棐诗咏叹：“荔枝乡里玲珑雪，来助长安一夏凉。”宋人沈立《海棠谱》记载：海棠“虽盛称于蜀，而蜀人不甚重”，但京师和江淮地区争相种植，

“每本不下数十金，胜地名园，目为佳致，而出江南者，复称之日南海棠，大抵相类，而花差小，色尤深耳”。

从这一记载来看，尽管“蜀中海棠胜西川”，蜀中百姓却并不钟爱海棠，恐怕在于它色重而无香气。

这种导向更为集中地体现在饮茶方面。茉莉花茶，一直是蜀中代表。

成都东南郊狮子山麓的高店子，是成都平原茉莉花的故乡之一。相传在清代乾隆元年（1736），一位广东来的王秀才从云南云山采回8株野茉莉，种在高店子的坡地。秀才屡试不中，而种的茉莉花越发越多，他便舍弃苦读，专心培植茉莉花，并采撷花枝去市场贩卖。这在成都街头仅此一家，富贵人家纷纷前来采购，王秀才发了横财，又买了几十亩山地扩大种植茉莉，并筑三道花墙，派人守护，严防宵小之辈，断了自己的财路。王秀才的防范并非多此一举，确实有许多人想得到花根，然而大多未能如愿，只有一人例外。此人姓曾，是东郊大面铺的武举人，与王秀才往来密切，且互为“亲家”，但武举人从不提花事。有一年，王秀才过生日，举人送来大礼，两人饮至深夜，醉得人事不省。武人并非粗豪，而是心细如发，借故出门，扯出十几株茉莉抛出墙外……这样，茉莉花传到大面铺一带。从此，高店子和大面铺等地成为了成都地区茉莉花最集中的产地。

茉莉花茶在十几年前实现了华丽转身，乃是“碧潭飘雪”横空出世。发明者徐公金华先生对我讲过，新津县在晚清、民国时期，茉莉花漫山遍野，产量惊人，这也是他首创“碧潭飘雪”的先决条件。

一般而言，茉莉花香气浓郁，无论庭院种植，还是熏香茶叶，都颇为赏心悦目。珠兰又名金粟兰，花朵碎小，香味清幽醇和，有的浓郁耐久，闻久了甚至让人产生“油闷”之感，这样的珠兰，蜀人也一律入茶，高价待沽。

流沙河先生回忆20世纪50年代成都布后街2号的老院子，他记载说：

> 第三进庭院左侧两棵树。一棵老树是珠兰，拱把粗了。暮春花发，淡香不俗，清韵有格。每日午后，定有一位茶商，挟持黑布雨伞数柄来此，撑伞倒置树下，让那芥子似的珠兰因风自落。黄昏又来收伞，日可获花数两。每年花季过了，那茶商定要送猪肉来。记得有一年送18斤肉。最多的那一年，1954年，50斤肉。第二年实行社会主义改造，私营商店改为公私合营，私营的茶商不再来收花。从此市面上再无珠兰花茶卖……（《悲亡树》，《文汇报》2002年7月29日）

如今，珠兰花茶也很寻常，成都的各色茶店里均有出售，成为了川人嗜香的物证。

当然，蜀人喜香也有高雅之处。

历史学家萧公权先生在川前后居住了23年。1938年的梅花开放时节，在春熙路上一家花店里，他看中一束绿萼梅，老板索价奇昂，还补了一句：“花有几品，人有几等。”意思是高贵之人，方能赏识高贵之花。花为人赏，并非花为人食。而高贵之花，自然不是走的浓郁、绵扎、油焖那一路。由此可见蜀人嗜好的多面性。

成都诗意的生活方式

1944年8月31日，朱自清挥笔完成了《外东消夏录》，文章分“引子”“夜大学”“人和书”“诗境的成都”和“蛇尾”五节，叙述了他对成都的印象。朱自清毕竟文笔老辣，“持中”叙述中，对成都作了细腻入微的描述。亲历的苦难总会反刍为一种泪水浸泡的温情。他认为成都是与北京很相似的古城，且气候温润，物产丰富，最宜家居。在其中一节《成都诗》中，他写道：“据说成都是中国第四大城。城太大了，要指出它的特色倒不容易。”我就没能找出这个“据说”的另外出典，这分明是历史上第一次提出成都为“中国第四城”之说。现在，我们承认朱自清先生为“成都是中国第四大城”的命名者，毫不过誉。

朱自清看重的是成都的诗意生活。

成都的“诗意”，在于水文化，在于天府历史，在于饮食男女风化。城市的最高境界是“诗意城市”。所谓的诗意城市，用通俗的语言讲就是：这个城市谁看了都愿意去品味它，因为它与众不同，它有独特的魅力，有独特的美感与诗意，有让人羡慕的地方，这是我认为的诗意城市。四川早有“诗国”之誉蜚声海内外，一是在于入蜀诗人太多。钱锺书认为，鉴于李白生长在蜀和杜甫久寓蜀中缘故，中唐的韩愈就将巴山蜀水的雄奇壮美与李杜诗歌的超拔绝伦有意识地联系在一起，应视作“自古诗人皆入蜀”的滥觞。二是置身杜宇声声语境下，蜀人好文辞，不尚武力，诗人辈出，形成诗星璀璨、盘复又现的连绵格局。更关键还在于，古蜀之地作为“西南夷”，杜甫眼里的“天隅”“天边”“绝域”“殊方”“异方”“异俗”的奇异之土，一直是孤悬于远古中原文化之外的一块飞地，它的自给自足、对撞生成的性质，恰在于古蜀本就是想象之地。

诗人不仅留下了大量吟咏成都的不朽诗作，其遗迹也成为今天著名的旅游胜地。我相信不但是在古代，就是在现在，充满诗意的成都，已经为成都赢得了持续的人文效应。读一读司马相如的赋，读一读张籍的《成都曲》，那些存留在历史高处的情致逐渐在大地上得以赋形。诗歌以大地的形态，唤起一种别样的情怀。因为伴随着诗人神驰八极、心游万仞的想象空间，那些看不见的历史激情，就像飞鸟一样在成都平原上空翻身……

同时可以发现，成都的诗歌史与中国诗史呈现出惊人的同构性，这其中有两大关键词：诗的想象与诗的生活。诗歌并不是非要写在纸上，诗更多体现为一种大众持续的生活方式。所以，唯有将纸上之诗与生活之诗彻底交融，方为成都独有的城市魅力。

可是我哪都不想去

颜歌 文

那年代，从成都回郫县要去城西的长途车站赶车：一群人提着行李，提着编织袋袋，提着纸箱子，抱着箩筐，挤在候车点，不管吹风下雨出太阳，总之翘首以待；等上半个多小时才有一班车，还是辆破破烂烂的小中巴，然后所有的人就一拥而上，这个挤那个，推，拉，脚不沾地地跌进车里；坐不到位子的就拖出小板凳来坐在过道上，过道也满了，还可以在车门后面的台阶上再蹲两个，不管怎么说，能赶上这趟车就是谢天谢地。中巴载着这满满一车的人开出成都，从西二环开到西三环，顺着成灌公路往郫县开去。

一路上的风景可谓惨淡，树木都蒙着厚厚的灰尘，骑着嘉陵摩托或者电动三轮的人时不时要从马路上横穿，有钢板厂，石料厂，木材厂，还有农田，往往在一个前不着村后不着店的地方，车上有人就要吼一声：“师傅！在这儿下车！”。车就停下来，这个人就拖着他的行李下车，消失在灰扑扑的马路上。

我不知道他们去了哪里，这些消失在半路的乘客成了我生活中的一个谜：从他们下车的地方，连接过去，是他们的房子，牲畜，妻子，孩子，还有父母兄弟。好几年以后，在我开始写的“平乐镇”故事里，他们都成了我的父老乡亲。

我对我们的生活生来悲观。我所看见的世界就像以前从成都回郫县的那条马路，肮脏，无序，混乱，尘土飞扬而令人窒息；公共汽车上的人们像牲畜一样被圈在一起，接踵摩肩，呼吸着对方上一秒吐出的口痰——我相信这样的城乡接合部是我的伊甸园，而我充满喜悦地从这里翻找诗意。

2008年春节我写了《五月女王》，这是第一部彻头彻尾关于“平乐镇”，也就是我的故乡郫县郫筒镇的长篇。我写了我长大的小镇，四条街，一个十字路口，梧桐树还有肥肠粉，还有我们镇上各种各样的人，从长辈嘴里听说的，小学同学的祖父母，甚至在马路上遇见过的。而，当我回想着他们，描述着他们，把他们写在纸上的时候，我自己也变了。这些经年累月从书本上和课堂上得到的知识；那些因为想要成为“作家”而修养和学习的教育都脱落下来，我又成为了一个野孩子：三天不打，上房揭瓦，满街跑来跑去。

我的父母用各种文学名著把我喂养长大，从学前班一路读到博士，所以我总是想变得更好，更漂亮，更文明，更进步。但我终于在这一天发现，自己所沉迷的原来是我们镇的肮脏、丑陋和粗俗，我想用世上所有的诗意和美好来描述它，来告诉所有人，这就是我所看到的世界，我深深地崇拜并热爱着它。

《我们家》是我的一个“平乐镇”长篇。我写它写了断断续续的大半年。从二十三岁到二十六岁，从《五月女王》到《我们家》，我把“平乐镇”从南街写到了西街，从孩子写到了中年。《五月女王》是我对故乡的抒情诗，《我们家》则是一篇我要求自己完成的学术论文。我希望能通过写《我们家》来回答两个问题：第一是如何完成真正意义上的虚构；第二是如何更贴身地来处理日常的粗鲁。最后的结论是：我必须感谢“薛胜强”，我的主角，一个豆瓣厂老板，他用他的粗暴和愤怒，酣畅和蓬勃的情欲启发了我，矫正了我，指导着我去成为一个能真正有资格写城乡接合部的小说家。

另一方面，我对小说这件事也充满了悲观：我怀疑它是否有能力真正地反映芜杂的生活，我怀疑它对世界上的人是否有用，我怀疑它的出现和被阅读归根结底都是无聊的结果。换句话说，我无法对自己所从事的事业具有荣誉感，甚至使命感。十几岁的我们相信“才华”，相信我们在这个世界的存在是有意义的，但这些最终被证明只是儿童似的天真烂漫。

快要三十岁的时候，或许我还可以是个年轻人，但我对小说的要求变少了。我不需要它表达图景，呈现意向，隐藏结构，更不用说传达什么道理，它只是一个陪我度日的小玩意。《我们家》就是这样的一个小玩意：它写了一小家人的小故事，吵吵闹闹，磕磕绊绊，互相心里骂对方然后笑眯眯的。在题记我写“这个故事有点慢，睡瞌睡前看一看”，也就是这个样子。

但是，和所有的中国人一样，我们生来都有历史的痛感和国家的命运感，总希望能一口气吐出黄河来。《我们家》里面的“豆瓣”，当然也就是我们郫县著名的“郫县豆瓣”。最开始，我爸爸知道我准备写一个关于“郫县豆瓣”的小说，对我说：“你应该写成一个史诗性的故事，讲讲郫县豆瓣的历史，写几个家族的几代纷争，要写出厚重感。”我说：“你这是要改编几十集的电视剧大戏啊？你女儿我可没那本事。”

我是真的没那本事，我唯一的本事就是意识到自己没有那样的本事。于是本来可以改编历史大戏的“郫县豆瓣传奇”被我写成了一个豆瓣厂长在老母亲、老婆和二奶中间打转的尴尬故事，这对我爸爸的那一代读书人来说可能是一个大好题材的浪费。

但我个人把它当成一种进步，当成我作为小说家的成长。就是说我成了一个大人，所以我开得起玩笑，掂得清自己的斤两，心甘情愿地小打小闹。比起二十五六万字的《五月女王》，《我们家》只有轻飘飘的十三万字，因为我意识到自己还远远没有那个力量，我对我的“平乐镇”还是个门外汉，所以我写它的故事会越写越短，越写越小：从二十多万到十多万，然后到几万。今年，我写的“平乐镇”都成了短篇。

是的，我并不相信自己的力量，也对小说的力量还充满怀疑。对于我的故乡，我的“平乐镇”，我了解得太少，想得太浅，能写出来的也就是一点点，好在我从来是个自得其乐的人，当个“小”作家对现在的我正是舒舒服服的事。

世上的故事总是讽刺。小时候我走在灰漆漆的郫县街上，总是想着要赶紧长大离开这里；十几年前老被人叫“少年作家”，我也气急败坏地想写个巨著来证明自己的成熟。现在我走也不想走了，长大也不着急了，可能是脸皮厚了的缘故，有时候回郫县看我爸爸，走在街上，猛然一个大广告，说有个火腿肠要“走出中国，走向世界”，这对火腿肠或许是好事，可是我哪里都不想去。

人间成都

七堇年 文

1

其实不是的。

它绝对不似张艺谋宣传片里那般，满画面的鲜艳，明丽，悠闲，现代。那部短片，使所有人对它的印记概括为“一座来了便不想离开的城市”，但其实不是的。

如所有看上去很美的事物那样，我熟知它现实中的阴霾、潮湿、黯淡，举目皆是灰色的楼宇，道路，天空……与中国一切大中型城市并无太大异样。人们在这常年阴霾的市井里过着泥泞的生活，连爱与恨都显得界限模糊。是的，长久以来它一直如此，却也正是因为如此，才使偶尔的晴朗、干爽、明媚，变得如此令人欢呼雀跃。

每一个晴朗的日子都像节日，在成都。

所有人将会无心工作、上学，只想在太阳下面去坐着躺着，把心肝肺都掏出来晒晒。在那些稀有的晴朗之日里，无论是广场还是街心花园，任何一个坝子上都会坐满男女老幼，无所事事地晒太阳，喝茶，搓牌。那场面大概是我见过的最为闲散、无聊的生命形式，却从另一个角度讲，令我怀疑这里遍地皆是第欧根尼。

我是个无法甘于安居一地的人。少年时离开老家，去成都读完高中，又在厌倦了中国西南式的阴霾之后，赴北方念大学。那几年雾霾还少，北方冬日仍然常有湛蓝而晴朗的天空；四年后北方的干燥无雨已经不堪忍受，所以南下到香港读书……这些年辗转不少，渐渐也走过了些地方，在漫长而孤独的飞翔之后，不知是否因为年岁渐长，我只觉得山河失色，归心似箭，盼着回到心心念念的成都，回到那种温吞的、灰色的、潮湿的底色中去，并且甘愿就此留下来。

留在这座铺满了青春记忆的城市，留在窗含西岭千秋雪的故梦里。

2

十五岁到十八岁的时候在这里读书，教室窗外永远是灰得叫人沮丧的天空，看不见太阳，即便晴朗也不会有蓝天，头顶上只有一片空洞的亮白，令人迷茫得好像连未来也看不见了。那些日子每一天都过得一模一样，不一样的似乎只有笔下的试题变幻无穷。但回头来看，时间轻易便将所有的不快洗去，留下的是在那几年遇到的最难得的朋友，走上的幸运之路。

那些破事儿永远都是可笑和难忘的，高三三诊考试之后，和朋友们背着书包就去玉林小区的小酒馆，喝完一杯加了牛奶的啤酒；偶尔周末返城借住在同学家里，彻夜看影碟，听CD，翻漫画。在操场上和隔壁班打篮球赛，冬天阴冷，手指总是红肿起来。那时候我还那么痴迷电影，每到周末就写纸条让朋友去玉林小区的碟子店淘电影。死党周末返校从家里带来的麻辣兔头一定会专门为我留上两三个，否则在周日当晚就被室友一抢而空，

俱往矣。

而今开始了在这座城市的上班族生活，赫然发现四处都在搞拆迁，建高楼，挖地铁，道路随之改道的改道，封闭的封闭，禁左转禁右转禁直行的标志布满每个路口，加上无数固定或不固定的单行道，开车时真是叫人抓狂，朋友都调侃“成都，一座不能左转的城市”。但观音阁后街的叶抄手还是那么销魂，西安北路的跷脚牛肉还是那么绝，曹家巷的“最牛苍蝇馆子”还是那么人满为患，春阳水饺有分量江河日下价格蒸蒸日上的趋势，但味道还是算得上独此一家。所以整座城市再怎么堵车，各路食客依然前赴后继。每到周末，“寻欢作乐”的成都人便蠢蠢欲动，各处餐馆无不人满为患。就连平时一到深夜，城市各个角落都会支起无数烧烤地边摊。犹记得新城市广场那个繁忙的闹市路口，一到深夜，都会被烧烤摊占据，摊子足足快要铺到马路中央。如果是夏天，便吃烧烤配冰啤酒，谓之冷啖杯；冬天，就来煮啤酒，由醪糟枸杞配啤酒煮成，相当巴适。

所以，不管怎么骂它阴天太多，车子太堵，你和你的胃永远都离不开它。带着一个成都的胃去外地是痛苦的，因为再好的馆子都让你食不下咽，你尝一口，就觉得成都随便一个“苍

蝇馆子”的厨师手艺都会比它好。这就是我在欧洲时如此思乡的缘故。我无法理解为什么仅凭沙拉、比萨、意大利面、炸薯条、面包、三明治、烤（炸）鸡、牛排，就足以支撑整个西半球的胃们长达千百年。数十亿人就吃这几样东西千百年……真叫人情何以堪。

但在吃喝玩乐上如此艰苦朴素，也许就是他们比我们发达的缘故吧。

3

成都人在吃喝上面花费的智慧实在是人类之最，所谓天府之国，真不是盖的。不仅如此，玩乐上的追求也不造次。川蜀数不尽的青山绿水，叫成都人的不仅嘴很挑，眼界也很挑。青城、西岭、峨眉已经不算什么，再远点儿，往北达九寨，往西入藏，往南入滇，皆是集中国大美于一身之地，大江大河，好山好水，其美无可媲之。

我作为一个伪成都人，平日里最喜欢在夜里去文殊院拜佛，白日里喧嚣的人群都隐匿，整个文殊院安然隐匿在宁静脱俗的古韵之中。无灯，无人，唯有林木森森，红烛灼灼，佛光隐现，千年一梦。红墙外有位拉二胡的大伯每天晚上七点半准时端坐开弦，在院中闲庭漫步，便会有《二泉映月》《良宵》《听松》《寒春风曲》等古曲不绝于耳，其声其境安宁之极，濯人心扉。

我记得在成都双流机场，有句城市宣传语是“China’s China，Chengdu.”（中国的中国，成都。）

——是的，这令我想起，那个下雨天，寒风刺骨，我经过一条小街，空空荡荡的米粮店门口，泥泞的卷帘门半掩，伸出的屋檐滴滴答答掉着水，刚好足够遮住一张麻将桌。四个人围坐，专心致志地在屋檐下搓麻将，任凭路边人来人往，寒风凛凛，落雨纷纷，四人犹如仙人下棋一般，之淡定，之投入，叫人叹为观止。其实再没有比这更加市井、庸碌的画面了。但这却是一种只有平原沃地才能造就的人文气氛与集体性格，不可言，不可说，会心者，可懂其中禅意奥妙。

4

当然，和任何一座中国中型以上的城市一样，成都现在已经是一座“堵城”。

在上班高峰时候开车堵在水泄不通的路上——其实那已经不叫路了，密密麻麻的汽车，电瓶车，自行车，还有四顾茫然的行人，像一锅沸腾的饺子一样，暴躁而急躁地抢路，一张张怨戾的脸，写满了生活的黯然失色。

因为太像一个社会的缩影，所以这样的场面特别容易让人灰心。

我也开着车，也堵在路上。这是我15岁就来读书的城市，十年过去，我在这里有了自己的房子车子，有了一切成年人的模样。但那天突然看到穿着母校校服的孩子骑着自行车从我面前经过，我硬是愣愣地，盯着他校服背上印着的母校名字，直到他的身影消失在川流不息的街口。十年了校服竟然一点都没变，竟然还是那么丑——也罢，青春已经够美，无需再作装点了。

在那个男生的背影消失之后，我不由得想起，十年前的我在这个时候，这样的星期天下午，该是在教室等待同学们一脸不甘不愿地返校了罢：陆陆续续走进教室的同学们，收拾着从家里带来的东西，聊聊天，开始等待班主任的点名，开始晚自习，开始赶周末没做完的卷子，快到九点半的时候开始换座位，轰隆隆地拉桌子，搬书，接下来是新的一周……如此恍然只觉这一切就在昨天，如此清晰，如此清晰。

那时的我，在无数晚自习就着一叠叠作业纸开始写作——当然那不叫真正的写作——在上课，自习，考试，做题的罅隙，我们见缝插针地阅读，写作，弹吉他；我们热爱电影热爱音乐，从饭钱里面省出一些零花来买盗版DVD，打口CD，买书买杂志，买海报；看任何书刊都会认认真真做摘抄，一张张活页纸装订起来有厚厚一大本……

真是些青翠的日子。

也是一颗颗青翠的心。

如今的我们拥有什么，又失去什么了呢？

当我经济独立，不需要用挨饿的方式来省钱买碟，我却也再没有那种搜集电影的兴趣了；当我时间自由，也不需要面对晚自习和无尽的上课考试，我却也再没有那种非写不可的倾诉欲了。

成长的有一种标志是沉默——因为生活的渐渐复杂，因为这种渐渐复杂的难以言说，无法言说，不愿言说，或者不能言说。

而竟然，竟然这一切的改变，发生得悄无声息。有时候忍不住一下子会问：何时我们就走到了今天，变成了今天这个样子。

在我已经独立开始一个人的生活之后，每天下班，收起电脑和文件，收起赔了一整天的笑脸，离开办公室；经过堵得水泄不通的路口，在高楼大厦，车水马龙，和烟尘尾气的缝隙之间……满目都是慌慌张张的人们。大家争先恐后地往前挤，又因为每个人都有自己的方向，一切就更显得缺乏秩序和谦让，暴躁的喇叭声和陌生人脸上正在骂人的嘴形……我望着这样的生活面目，觉得无比的现实无比的冷漠，简直就像马路上一张张路人的脸：空洞，疲倦，惶然。

生活常常令我暴躁，那些堵得水泄不通的路口，喇叭，灰尘，口痰，垃圾，冷漠而空洞的人疲倦而茫然的脸。唯独写作的世界是令我平静的。像在大雾的清晨于林间散步，空气清冽如泉，你心有山海，身轻如燕。

但是，成都真是一座温柔的城市。只在夜里下雨。没有那么多赤裸裸的晴朗，仿佛就是不想叫你参透人生，然后在你最绝望的时候，来一个清透的晴天，叫人高兴得手舞足蹈。我的朋友说，“这样的世界温柔至无须闯荡，让人想起何当共剪西窗烛，却话巴山夜雨时”。

写到这里我突然想，如果一个人的心与身，能如“窗含西岭千秋雪，门泊东吴万里船”，那该是件多么好的事情啊。

毕竟，无论是纽约东京还是北京上海，都可以说，如果你爱他，就带他去那儿吧，因为那是天堂。如果你恨他，就带他去那儿吧，因为那里是地狱。

但对于成都，我想只能说，带上你所爱的与所恨的去那儿吧，因为那里就是人间。

黉门街79号

何小竹 文

1

也许，记得当年《文摘周报》报眼位置那则“寻找中国最佳梦孩”广告的人已经不多了。我记得很清楚，那则广告发出后，每天都有几十封信寄到簧门街79号。他们写来了自己的“梦”或“梦想”。其实做这个活动是受了国外一本畅销书的影响，那本书记录了50个人自述的“梦境”。我们的想法是，通过征集1992年中国普通人的“梦”，评选出中国最佳梦孩，最后出一本书。老诗人孙静轩很有童心，多次表示，他就是“最佳梦孩”。

蓝马和杨黎都是有激情的人，由寻找“梦孩”为起点，又产生了打造“梦之船”的宏大构想。具体方案是，包一艘长江上的轮船，命名为“梦之船”，在船上开诗会，办画展，搞摇滚。我们把孙静轩封为“梦之船”的船长，把韩东、于坚、丁当、李亚伟、万夏等10余名青年诗人封为水手。为了获得官方支持，我们还把时任省作协副主席的吉狄马加封为大副。吉狄马加也是有童心的人，他很兴奋地给“船长”孙静轩手书了一个条幅，落款就是“大副吉狄马加”。

但是，没有钱这船下不了水。于是，蓝马又做出“长江论酒”的方案。我们想当然地认为，宜宾的“梦酒”厂应该是这艘“梦之船”的当然赞助商，他们应该有兴趣到长江上去和中国最优秀的诗人和艺术家“论酒”。于是，我和杨黎乘火车到宜宾，找到了“梦酒”厂的老板。老板请我和杨黎观看了他们厂里职工表演的“红楼梦”歌舞，却并没在合同上签字。我们又坐船到重庆，企图说服长江航运局的官员，拿出一条船来让诗人和艺术家们“做梦”。但“长航”的官员很现实地拒绝了我们的“梦想”。

后来好多人问我们，“梦之船”怎么没开成？我们很尴尬。但是，若干年后，我看见一份资料，在诸多艺术门类中，有一种新兴的艺术，叫“方案艺术”。就是把一些构想和实施细则写成书面文案，但并不真正实施，是为“方案艺术”。我一下就乐了，原来我们无意中成了“方案艺术家”。但杨黎还是闷闷不乐，他说，我们本来是想要实施的。

其实，在簧门街79号，我们做了很多这样的“方案艺术”。但我们确实是想要实施的，最后做成“艺术”，完全是迫于无奈。

2

我客居成都的生活，从簧门街开始。

那是1992年5月，小平发表“南方谈话”之后，全民创业热情得到空前释放，形形色色的公司如雨后春笋。我去北京出差，路过成都，经朋友一吹，就留了下来，合伙办起了公司，做起了跟全国人民一样的发财梦。

公司的地址就在簧门街79号。那栋楼房的房东，记得是一家国营种子公司。我们在二楼租了两间写字间。公司招牌叫“BBB软工程公司”，经营理念是：将你的梦，他的梦，串联起来，做成一个梦的网络。口号是：梦也是生产力。第一单业务：寻找中国最佳梦孩。

很热闹的一个年代。

就在我们租房的二楼，经常能看见一些瘦瘦高高浓妆艳抹的女孩穿着高跟鞋在走廊上噔噔噔地走来走去。原来，同在二楼租房的邻居是一家模特经纪公司。我的朋友吉木狼格将这些女孩戏称为“长脚蚊”，脚长手长，像蚊子一样成天在我们眼前晃来晃去。

28路公共汽车从簧门街穿过。很长时间，我都不知道这路公共汽车从哪里来，到哪里去。因为我们出行都是打的，压根不坐公共汽车。也不骑自行车。这风气是怎么形成的，谁也说不清。直到有一天，我们的朋友，也是我们公司的总经理蓝马说，这不像艰苦创业的样子。于是，他率先把原先在政府机关上班骑的那辆破自行车扛了出来。而我，杨黎，吉木狼格，就在簧门街的南桥商场一人买了一辆新的自行车。我觉得骑骑车也可以，但杨黎不喜欢。他经常会踹自行车一脚，骂一句土包子。而吉木狼格，他没表示喜欢与不喜欢，反正买来的车他压根就不骑，照常打的不误，因为他是我们公司的董事长。

1992年的簧门街，比现在狭窄，拥挤，凌乱。但实话说，也比现在鲜活，生动，富有朝气，而且浪漫。我们经常去的一家餐馆，名字记不得了，由于老板长得胖，我们叫它“胖哥餐馆”。这家餐馆不仅是我们一家公司的伙食团，也是很多家类似于我们这样的小公司的伙食团。伙食团的含义，一是每天固定在这里吃，二是吃了可以不付现钱，记账，月底一次结清。当然，也有结不清的时候。胖哥通情达理，缓些时日再结也没关系。这情况不单我们一家公司是这样，我发现，好多西装革履的公司人，平常在餐馆高谈阔论，开口都是大数目的生意经，而到月底结不了胖哥的饭钱却是司空见惯。但胖哥无疑是赚了钱的。当我们的公司倒闭，黯然撤离黉门街的时候，胖哥的餐馆依然红火，这就是明证。这情况有点像当年美国人到西部淘金，淘金的人没淘到多少金子，卖铁镐和牛仔裤的人却发了大财。后来我想，如果那时候我们够聪明，够理智，就该在黉门街开餐馆，而不是把梦串联起来做什么BBB软工程公司。

在成都，过去，可能也包括现在，很少有人将黉门街的“黉”字读正确。一般都读成“huang（黄）门街”。这又应了一句俗话：四川人生得尖，认字认半边。倒是我的舅舅，他不是成都人，却一来就读对了那个“黉（hong，红）”字。他是我们老家一所中学的语文教师。

3

杨黎把我喊到成都，凭的是他信中的一句话：“改革的风吹得如此之大，如此之大……”而我，在不明白出来干什么的情况下，只带着随身衣物就“下海”了。我们买办公桌、电脑，每人还配了一只当时最时髦的通信工具——BB机（传呼机）。我们最先去工商注册的公司名称是“BBB公司”，但因为有规定英文字不能做公司名，未获批准。后来是工商局的人给我们取了一个名字：成都广达软工程公司。曾有人开玩笑说，是广汉和达县的合资公司，意思是，这名字很土。但是，“软工程”这三个字却难倒了许多人。递上名片，解释半天，别人也不知道我们是干什么的。也就是，那个“软”，究竟“软”在什么地方？对于“软工程”蓝马曾经有过长篇的界定和阐释，但其言说的深奥和晦涩，与其“前文化”诗歌理论不相上下。后来我和杨黎在实际操作中，只好很实用地告诉别人，就是做广告的。

所以，我们的办公室也有了这样一条标语：“揭开中国广告业的第二篇章”。并不是我们的口气大，而是，“改革的风如此之大……”。

我们雄心勃勃。跟着，就成立了广达诗歌分公司、广达音乐分公司和广达语言分公司。我是诗歌分公司经理，老诗人孙静轩曾经问我，诗歌公司怎么赚钱？我说，不知道。事实是，诗歌公司没赚一分钱，倒是请不少诗人吃过饭。杨黎是语言分公司经理，语言也没赚钱，倒是提出了一个“梦也是生产力”的观念。吉木狼格是音乐分公司经理，而后来，我们真的在音乐上赚了点钱，为夜明珠汽车公司做了一盒歌带，我们自己作词作曲。其中几首还拍了MTV，在四川电视台播了一周。这盒歌带的主打曲是《嗨，的士》。1992年，我们只要揣着这盒歌带打出租车，在车上放给司机听，下车的时候，都不要我们付钱。也许，“街上这么多人/各自在回家/打开车门/关上车门/一扇扇的门/都不是我的家门”这样的歌词击中了他们内心的某处要害。

我和杨黎几乎每天骑车从簧门街79号出发，满城去寻找客户。但我们常常是无功而返。到夏天的时候，烈日下跑广告的滋味让人感到绝望。我和杨黎就是在这种绝望的心情下，想过要创作一首带摇滚风味的歌曲，歌名就叫：《改革的路啊为什么如此艰难？》。

4

当我和吉木狼格及夫人杨萍扛着新买的拖把、棉被，从三瓦窑供销社出来，往望江小区的出租屋行走的时候，我们戏称，我们是最后一个“人民公社”。

1992年，我和蓝马、杨黎、吉木狼格、尚仲敏等昔日“非非诗派”的朋友合伙创办了一个公司。但在外人觉得不可理解的是，我们在“公司”的名义下，却更加强化了“公社”的属性。我们都不拿工资。吃饭是公司统一付账，住房由公司负责租赁，打车和通信费也是公司报销，连我们抽的香烟，也是实行每人每月一条“万宝路”的供给制。更荒诞的是，作为诗人的我们，公司成立后是否继续发表作品，也已经不是个人的事。一次，某杂志的一个朋友来向杨黎约稿，当时杨黎左顾右盼地回答说，这事情得集体研究一下。这位编辑朋友自然是既惊讶又困惑，以为杨黎是在开玩笑。

公司成立不久，便在杨黎的一再鼓动下，搞了一次大招聘。这事我还和杨黎有过分歧。我说，目前公司还什么项目都没确定，招那么多人干什么？杨黎说，有了人自然就有项目了。于是，我们仅仅在《成都晚报》打了一个中缝广告，就涌来几百人应聘。由于我们的招聘广告写得很有文学和理想的色彩，相应的，来应聘的人也很精彩。有抱着小提琴和萨克斯来应聘的，有在应聘时放开嗓子唱美声和通俗歌曲的，有把自己发表的诗歌和小说带来给我们看的。一位外地跑来成都的文学青年说，看见你们几个人，就有一种找到了组织的激动。记得招聘的第二天，一个从四川大学来应聘的人，年龄和我们相仿，我们便问他，认识胡冬吗？胡冬是“莽汉”诗派的创始人，毕业于川大。那人说，与胡冬是好得不得了的朋友。我们一听就激动起来，那还考什么考！胡冬的哥们，进来就是了。

你为什么要来应聘？这是我们在招聘时首先要问到的一个问题。我们对那些回答说为了挣大钱的功利者十分反感，而对回答说是为了实现一种人生理想的人比较满意。可以想象，我们最后确定留下来的，不是性情中人（比如喝酒、下围棋、对钱无所谓），就是文学爱好者。他们进来之后，也不拿工资。非但不拿工资，每人还向公司交纳两千元，名曰入股。每个人都是老板，换句话说，人人都是“公社”的主人。

不管赚不赚钱，这样一大帮人聚在一起，确实是一件很愉快的事。有个叫陈康平的，毕业于西师音乐系，后来还成了我们的朋友。他不仅在喝酒上与我们十分合拍，且时不时有一些音乐界的“粉子”（成都话，粉子即美女）来公司找他，这当然也是我们十分爱好和欢迎的事情。

5

很多朋友后来问我，当年你们几个“非非”办公司肯定很好玩吧？我说是的，有点好玩。但这只是事后觉得，当时却是很认真，很苦逼的。

我们推举了“非非”理论家蓝马做公司的总经理。别笑，你肯定已经明白了我们是在怎样做生意的。我们一天中有两顿饭吃得很长。一是午餐，在黉门街的名为“胖哥”的馆子，把整个午休的时间吃掉。我在剧团工作了10年，有睡午觉的习惯，睡不成午觉的我，其精神状态可想而知。再就是晚餐，我们要工作到晚上9点或10点，才回到望江小区杨黎租的那套房子集体进晚餐。这一般要吃到凌晨2点左右。蓝马那时候已经戒了白酒，但他喝啤酒不醉，可以一直喝下去。我经常哭丧着脸说，睡觉吧，我受不了啦。蓝马因此给我取了个外号：何压倒。即睡眠压倒一切。

吃这么长的午餐和晚餐，有什么必要呢？我们在讨论公司的业务。每一次，对一宗业务的讨论，都可能转化为一场“语言”的讨论。我曾开玩笑说，蓝马企图建立一套“非非经济学”。我们纠缠着这些生意中的“语言问题”，其经商的步伐无疑比之真正的商人要艰难得多。事实上，一度时间，我们根本没做成一笔像样的生意。但我们还是热衷于这种玄说和空谈。其实也不是我们所有人。一般，晚餐的时候，杨黎和吉木狼格一看蓝马喝着啤酒的架势，就躲到另一个房间下棋去了。我留在饭厅，便成了蓝马唯一的“语言交锋”对象。后来我跟杨黎抱怨说，每天都是我们几副颜色窝在一起，不出去走走，不去和更多的人交往，有什么意思呢？比如，我们为什么不去喝点咖啡呢？

1992年，成都已经有了许多酒吧和咖啡厅，但我们却从来没去过。比如蓝吧、锦水苑及一些酒店里的歌舞厅，都是感受90年代新气象的好去处。但我们讨厌或者说害怕与陌生人结交。我们那时根本不像一群商人。不得不承认，我们的文人习气延误了许多“商机”。大家对此也不是完全没有警觉，所以才有后来新增加的一条公司规定：讨论工作问题不准用比喻。

大家开始实践这一规定。但没过多久，我们就意识到，不用比喻基本说不了话了。“非非主义”者在写作上是拒绝比喻的，但却做不到在工作讨论中放弃比喻。为什么？因为比喻可以让我们的话语显得委婉和模棱两可。我们其实都有话想说，但都不愿意直说。因为我们是朋友，不想伤朋友间的和气。还因为，我们其实都不是真正懂市场。所以，以文学语言描述和理解市场，也实在是不得已而为之的事。

后来，我做了一家夜总会的经营者。杨黎看着我一年365天都被套牢在夜总会里，就幸灾乐祸地说，这是报应，以前你不是吵着闹着想喝咖啡吗？

成都时间

洁尘 文

深秋，和朋友约喝茶。说好3点。我早到了一些时候，而朋友们晚到了很多时候。于是，中间大概有四五十分钟的时间是我一个人在喝茶。这段等候的时间没有让我心生任何异样的情绪。这就是成都的时间概念。

在成都，就喝茶这件事来说，如果约的是3点，那么就意味着，参加茶局的人可以在2点至4点之间的任意时间点到达，非常自然，自己没有心理负担，他人也不会有任何意见。在时间观念普遍散漫的成都，在其他事情上我基本上是一个守时的人，同时对他人也有一定的要求。但如果约的是茶局，对自己对他人，就都特别放松了。

很多人探求成都生活的秘密所在，其实，成都时间是这种秘密的核心。全国通用北京时间，那是一种完全官方化的时间，是新闻联播，每个地方台都得转播。成都时间是成都的自办节目。成都时间隐藏在北京时间的后面，3点，是北京时间的3点，但后面的成都时间，这个确切的点是模糊的，是延伸的，是弹性的。遥远的乡村生活中，人们约时间是“晌午在谷场见”或者“月亮升起来后在河边见”，时间被模糊了，空间就被拉了出来，整个事件的体量和容积就增大扩展，局限也就少

了；而局限少了，人心也就松弛了很多，同时也细腻了很多。成都时间相对于现在的人来说，就有这样的功效。尤其是成都的喝茶时间。当然，从正负评判上讲，最好也就只限于喝茶时间吧。

其实，那四五十分钟里，在我不是什么等待时间，而是一段美妙的独处时间。在周围无数陌生的茶客中间独处。天上是稀薄暖和的太阳，手边是我喜欢的花毛峰，从小贩那里买了一个很大的福建蜜柚剥着吃，从茶坊书架上拿过几本杂志翻着看。时不时抬头看看，看对面那桌的那个男人一次比一次往圈椅里下沉，渐渐地，都快躺平了。

这跟我平时那种彻底的独处不一样的是，这是人群中的独处。这是我特别偏爱的一种滋味。我历来喜欢独自出行时的机场、机舱、车站和电梯间。周围都是人，都没关系。适当的孤独，别样的享受。这个时候，心很静，但想象力和好奇心相当旺盛和跳跃，会猜测和虚构很多种人生故事。我的好些小说情节都是在这个时候萌芽的。

我想，我一直离不开成都，跟成都时间有很大的关系。这是一种特别的时空感觉，跟空气一样，待在里面不觉得，离开了就受不了。

福建蜜柚味道很不错。甜度和水分都很合适。怪不得它们完全挤走了四川著名的梁平柚子。梁平柚子有点涩口。但据说，梁平柚子的药用功效要好得多。我翻着杂志，看到好玩的地方微笑。纸上的光线突然暗了一下，抬头，有朋友到了，他从兜里掏烟和打火机，边拉椅子坐下边问："你到了好久了呢？"

我合上杂志。朋友们这就陆续来了……

玉林，十四年的瞬间与细节

西门媚 文

不知不觉，我们搬到玉林已经有十四个年头。我看着它从文艺走向日常，从热闹走向安静，又从安静重新热闹起来，变成一个全国的网红街区。这些年，我记下过无数关于它的细节与瞬间。有些瞬间也许很快消逝，有些细节却在更替之后重新归来。

区际旅游

对于玉林小区，我和许多人一样，都是有些情结的。

单身的时候，要吃饭了我们约到玉林，要泡吧了我们仍然约到玉林。在泡吧的间歇，可以去到一家有意思的小书店，淘点书。厌倦了正餐，可以去到街边的小店，吃点串串，或者冷啖杯。

我们喜欢的朋友，有两个在玉林开酒吧。我们喜欢的喝茶的地方，在玉林也有两处。

玉林，当时在我们的眼里，就像个不夜之地，我们跟娱乐有关的夜晚，跟朋友有关的记忆，大都跟玉林有关。

所以安家的时候，我们毫不犹豫地选择了玉林。

住到玉林以后，发现生活并不像以前一样，充满了酒吧，迪厅，夜生活，而展现出缓慢和日常。

慢慢地，我们找到了另一种城南生活，一种区别于往常的生活。

比如，天气明媚的时候，我和西闪又有时间的话，我们便穿了适脚的鞋子，在双肩旅行包里，装上相机或者画具，出门，慢慢地向一些稍远一点的地方进发。

我们从一条街道走到另一条街道，从一个小区走向另一个小区。那些街边有趣的小景，也可能就被我们拍下来。也可能，我们不断发现有好玩的事情、好玩的小店、好玩的店名、好玩的行人。我和西闪像个外地游客一样，常被逗得乐不可支。

我和西闪把这称为区际旅游。即从一条街道旅行到另一条街道，从一个小区旅行到另一个小区。

比如从芳草街到倪家桥路，比如从玉林到锦里。

这座城市的南面，有着十分丰富的内容，总有让人惊讶的地方。这些，需要逐渐深入才能体会。我在这区际旅游中，发现有叫“糖罐罐”的可爱糖果小店，买到别致的手工印染裙围，也看见香港的市花洋紫荆开在了玉林，见过了无数不知名的鸟儿，甚至找到了色彩斑斓的戴胜鸟安家的地方……

你出门的时候，你是无法知道你会遇见什么事的。

就如前几天，天气冷了，我便和西闪去到一家西餐厅，吃些点心，把店里好玩的那些东西，用画笔画下来。我画的是奇特的烛台，西闪画的是有趣的装饰，天棚啊，花台啊……

旁边一桌，一个女孩正在教两个老外学中文。但他们的注意力都被我们吸引了。于是西闪便给其中的男士画了张速写。画得很是传神。西闪把画送给他，他十分高兴，于是陌生的人开始聊天，进入了一种真正的旅游状态。

所以也有朋友，把我们这种“区际旅游”称为“深度旅游”。深度旅游，听起来完全有抚摸的感觉了，就像是要抚摸这些街道、这些生活。

街坊理发店

这家小店，就在我家不远处的转角。我们搬来的时候，它就已经在那儿了。在试了周围很多发型屋后，我才选定了它。

它非常小，很不起眼，门口有个陈旧的红蓝转灯，门上几个简单的字：“陆虎理发店”。

店里只有两个男理发师，长得有点五大三粗，不像一般的理发师。正如这家店，也完全不像一般的发型屋。

我们这个街区，聚集了许多发型屋，感觉全市有一半的人都会到我们这个街区做头发。

经常看到那些流光溢彩的发型屋门口，站了一队队的年轻人在做操、呼口号或者聊天。

那些年轻的理发师、美甲师、洗头师，穿着黑色紧身衣，涂着黑嘴唇，头上顶着奇怪的发型，性别看起来很模糊。

但这家“陆虎理发店”完全不同。两位师傅都是三十好几，剃着平头，跟时尚毫无关系。他们就是那种专门给街坊邻居剃头的师傅。

尝试了几次，我发现他们的手艺要比那些漂亮的发型屋可靠很多，手艺是经过了时间的检验的。在那些新式发型屋里，你很容易就撞在没有经验的学徒手上了。在这小店，什么都是这两位亲力亲为，洗剪吹烫。顾客还不用担心他们给你推荐各类护发美容用品，不担心要你买次卡和年卡。

来的次数多了，彼此熟悉起来。经常一边洗头剪头，一边聊聊天。

两位师傅虽然风格相似，接触久了，就发现各有特色。

叫“陆”的师傅，老家在眉山，家里承包了很大的梨园，每天初秋，梨子丰收，便回去收了梨子，卡车运进城来，摆在理发店门外的路边。过路的街坊看见，问一声，他便放下剪子，到门口拿起秤盘。都是熟识的街坊买，街坊信得过他。觉得味道不错，比水果店可靠。

今年梨子收了，仍是这个方法。我散步的时候也常去看看，梨子运到没有，运到就买一些。

他跟我们抱怨，今年遭了冰雹，梨子被打过，留了疤点，很丑。不过，大家对此也不介意，他的梨子仍像往年一样，每运到一车，就很快卖光。

陆师傅人跟他的梨子一样，很实在。他理发慢而仔细，一遍遍地打薄碎发，不厌其烦，不停地征求意见。最后往往是我坐不住了，心里嘀咕着下次换“虎”师傅。

虎师傅的天份显然要高于陆师傅。他理发要快很多，发型准确，眼光敏锐，下手果断。陆师傅要半个多小时才能做完的事，他最多二十分钟就搞定。不征求你的意见，效果反而更好些。

虎师傅因为动作快，有时就会闲下来钻研传销的事。他的业余爱好是卖一种保健品，经常看见他坐那儿研究资料，不过，并未看到他向谁推销过。

最近一次去剪头发，只有虎师傅在。他俩都在学车，两人轮流值班。

理发的过程中，又来了个顾客。他显然是虎师傅的熟人。他穿着大花的紧身裤，一件发亮的绿格子夹克，还挂了一根手指粗的包金链。一看就是港片里的混混。

平时逛街，我没看到我们街区有这样的人物，于是，饶有兴致地听他和虎师傅聊天。

虎师傅说，昨天他去新开张的KTV了，那老板是朋友，请他们唱歌喝红酒。

金项链显然不满老板没请自己去，于是说：请红酒算什么，红酒一点不值钱，得请洋酒，一瓶至少七百多……他们那儿有好多小姐？

对这个问题虎师傅答不出来，于是金项链得意扬扬地讲，某某家才厉害，光是妈咪都有二十多个。

听他吹了一大通，虎师傅终于发现，我的头发剪坏了。左长右短，于是又修改，改成了左短右长。再改，终于我的长发变成了短发。

但我也不好意思发作，这就是街坊店嘛。我知道，下回我还是会到这儿来，顺便听一耳朵街坊故事。

谁从玉林逃走

玉林西路，总共也就几百米长，店铺很多。但最近这半年，新开的店最多的是房屋中介。

上个月，我父亲散步，数了数，发现房屋中介居然有十四家之多。这两天，发现又增至十六家。

房屋中介多，似乎预示着这里的二手房交易活跃。二手房交易活跃，那说明老玉林的人也许正在纷纷离开？

其实也不只是玉林的房屋中介在增多，全城的房屋中介都在增多。在房地产商卖新房卖得热闹之后，二手房市场也跟着很兴旺，大家都被卷入了换房热潮。

但我还是觉得，玉林现在的气氛跟前几年不一样了。

玉林最初被称为最有文化的小区的时候，这里住着画家、作家，还有机关工作人员。我认识的许多住在玉林的人确实都在搬离。新建的更好的楼盘在召唤着他们。玉林的住户变更，自然也影响这里的氛围。

前几年，晚上找个地方吃东西、泡吧，一般都是先到了玉林再考虑。

那时，虽没住在玉林，玉林却被我和朋友们称为“老窝子”。

夏天晚上，特别喜欢坐在玉林的街边吃东西。坐在露天，吃冷啖杯，喝稀饭，在小板凳上纵论天下。下午喝茶，有个翠竹园，坐在婆娑竹影里，饿了，还顺便可以在这里吃一吃鲜美的竹笋烧肉。

现在玉林没有这些了，玉林变得很规范。

很少有露天小店了，路两边的店面都是一律的玻璃墙。火锅店生意都红红火火，茶楼生意也是风生水起。

但是整齐与规范就少了趣味，少了生机。

现在去紫荆南路、华阳等新开发的地方，常会感叹，呀，这里好像玉林以前的样子。

紫荆南路那各色的露天大排档，像极了玉林以前冷啖杯的感觉。华阳镇河边一家连一家的饭馆，也像玉林正在蓬勃发展的时候。

现在玉林西路上，除了火锅店，已经没有好吃的饭馆，倒是服装店开成了气候。从前两年起，玉林的服装小店就开始悄悄抢夺春熙路的生意。

这一切，都悄悄地显示着玉林的改变。它从一个新潮的休闲的小区变成了一个有序的商业社区，从城市边缘变成中心了。

去年年底，我在玉林西路，忽然发现一个路角改变了，仔细一想，原来是威廉酒吧关掉了，在原地新开的是一间水果行。威廉酒吧是玉林很老的酒吧了，开张应该有十年了吧。我大约只去过一次，它的苏格兰格子的装饰让我觉得那是个老派的酒吧，是中年人和老外去的地方。但我路过的时候，已经习惯地要往里瞅瞅，这酒吧也是玉林的风景之一。

现在却忽然关了。我在想，是不是年龄更大的人，真正有钱的人，或者那些早年的成功人士，都搬离了玉林？

最近玉林新开的楼盘，有很多小户型，才交楼，都没怎么装修，就有很多人入住了。

自然，都是些很年轻的人。

一家店的前世今生

一出门，就看见街角那家店面又开张了。这次是家服装店，装修得很现代，是卖休闲装的，货品看起来还不错。看来老板很有信心。

之所以叫“又”开张，是因为这个地方已经变换过无数的店子。

一年前我们搬来的时候，这里是家黑灯瞎火的小饭馆。当时周围的店子少，餐馆都集中在附近的另一条街上，如果出来吃饭，懒得走路的话，这便是唯一的选择。

但我们是不敢选择这家店的。显然是因为生意不好，老板舍不得电费，里面的灯光就搞得很暗。但我们都知道这会是个恶性循环，生意不好的店，菜品就不够新鲜，材料放久了损耗大，成本就更高，于是价格也高，老板的心情不好，服务也会不好，自然，客人更不敢上门。

很快，这家店就换了主人，先是火锅店，很快又换人，改卖羊肉汤锅。冬天这本是好选择，可这家店的门前有个很高的几步梯子，让人看不清里面。总觉得里面是一个客人都没有。后来，羊肉汤锅店又打出了一个极长的横幅，上面写着："美极鲜脆烫羊牛鱼肠汤……"这句广告词怎么都读不明白。不多久，又挂出了牌子——"铺面转租"。

两星期的装修之后，新店开张。

这次是黑白调的装修，原来是家看来颇有实力的洗衣店。我们都认为洗衣店应该是不错的选择了，这是我们住家最近的一家洗衣店了。洗衣店新店新气象，新开张八折并挂出了办理贵宾卡的招牌。

很快街对面也开起了一家洗衣店，街对面那家看起来不太有实力的样子，可一个月以后，先开的这家洗衣店就在往外面搬机器了，对面的那家至今仍然存活着。

再租下店面的老板，拆了那黑白的装修，搞得简单很多，但有一个大大的透明橱窗。开张的时候，摆了一长串的花篮出来。仔细一看，这些不是庆贺的花篮，是他们自己装饰好的花篮。这是一家鲜花店。这旁边的几幢居民楼，住了很多老外，也许可以卖花给他们吧。

花店橱窗里插满了无数的各色百合，十分漂亮。我每天散步的时候，就发现百合越插越短，想必是百合卖不出去，只好每天修剪，所以越来越短吧。花店最后几朵花凋零以后，就关了门开始装修。

招牌拆了，改得十分简朴，但做了宽大的货架。原来是一个卖蔬菜的店。这个想法很好。这里离最近的菜市大约有一刻钟的路程，如果能在家门口买点蔬菜，应该很方便。

可几天后我去买菜的时候，发现他们的蔬菜已经被太阳晒黄了，大约都是几天前的东西了。

蔬菜店顺理成章成了水果店，支撑了一个月后，还是关了门。街对面倒又新开了家水果店，还很欣欣向荣的样子。

这条街慢慢兴旺起来，唯独这家店面，几乎都没有开上两个月的，几经折腾以后，邻居们每每都目光复杂地看着新店开张，都要想，不知这次能开多久，能不能支持到两个月。这种情绪，有点打赌的心态，有点同情的感觉，有旁观者的心照不宣，有自己不肯承认的幸灾乐祸，甚至觉得自己是店面房东的同谋。

这条街上人人都知道这家店的前世今生，唯独新租下店面的老板不知。

玉林最后的村庄

和西闪在人民南路一家咖啡馆消磨了一个下午后，出来，转入倪家桥路，走路回家。

一边走路，一边四下张望，想找个特色小店吃晚饭。

看见右手边一条窄窄的小巷，里面很热闹，站在巷口，就看得见里面有小饭铺，有烧烤摊，电杆上还悬着两个大字："淋浴"。

我对西闪说，这一定是玉林露天菜市拆迁后，部分商贩搬来的地方，这里一定会有好吃的东西。说着，就拖着他进了巷子。

巷子里面非常狭窄，路两边还挤满了各种摊档。但一眼就能看出，这不可能是从玉林菜市搬来的摊点。我是一向喜欢吃小摊小店的人，面对这里的小店，我还是失去了勇气。小店里面都窄小黑暗，加上空气中弥漫着哈油味，烤臭豆腐味，完全能打消你所有的食欲。但这些小档小店，生意仍旧很好，一些趿着拖鞋的人，坐在里面，吃着烧菜，喝着泡的土酒。我想，这些一定就是住在这里的人吧。

两旁的房子是二层的红砖楼。我看着这些房子忽然叫了起来，对了，对了，这是80年代的房子啊。

成都还很小的时候，玉林这一片都是农田，后来，城市开始扩大，玉林变成了都市的一部分。20世纪80年代后期，玉林有很多两层的红砖楼房，一排排的，那是返给玉林原住民的拆迁房。1988年的时候，我到一个研究所工作，那时，所里给大家提供的宿舍就是租下的玉林这种红砖楼。不便宜，女生宿舍里面一间大点，外面有个小门厅。勉强摆得下四张小床，一张上下床。每人交二十元租金。这在当时是很大的一笔钱呢。当时，大学毕业生的工资也就四五十元。在这房子里生活极不方便，没有厨房，也没有卫生间，而公共厕所非常遥远，每天晚上只好逗留在单位，解决好一切问题后，才拎一瓶热水回宿舍。但我们那农转非的房东生活不错，想来，仅仅靠房租，他就能过很富裕的日子了。半年后，我准备高考，才离开了这里。

90年代初，我回到玉林这片玩，看见到处一片繁华景象，就以为玉林那种一排排的拆迁房已经消失了。谁知在十七年后，居然发现这些房子原来躲在一个被高楼包围的角落里。

现在这里，给人感觉非常纷乱。路中间一个穿着纱睡衣下楼来买香烟的女子，脸色苍白。一些闲在街角的男子，蹲着吸烟，看一个人在修一辆很旧的摩托。我猜想，他们应该都是这里的原住民吧。也许就是我当年的房东的子女？

墙上到处张贴着出租房屋的广告。

这里的气氛有点像广州由于城市发展，最后形成的那三个著名的城中村。那三个城中村，是广州治安问题的代表。所以在这里，我的神经不由得绷紧了，一下子变得十分的警惕戒备，顿觉耳听六路眼观八方。小巷不长，很快，我们就穿了出来，神经也才慢慢放松。

玉林的树

夏天，从二环路围着玉林小区漫步，是走在梧桐的浓荫里。

树冠很大，走在下面，可以不晒到一点阳光。仰头望去，是层层叠叠的绿，深浅老嫩不一，十分凉爽宜人。走在这树荫里，旁边的车声就退远了，心静了下来。

转到玉林北路，行道树变为了小叶榕。

小叶榕长得黑压压的，无数金色的须根从树干中伸出来。这南方的植物，远没梧桐这些植物适合这里。它虽然可以四季常青，却太浓重低矮，有如一个人的眉毛太低，直压眼睛，给人不疏朗的感觉。

玉林西路也是梧桐，也许是树龄小些，也许是修剪得太厉害，也许是周围街道窄空间小些，不及二环路边那一段漂亮，但也很不错了。特别春天那阵子，每天来看梧桐发芽，每天颜色都在变化，让人十分欢喜。

玉林西路往西新延伸出去的那一段，种的是女贞。才种两年，还很小。女贞长大了也是一种很漂亮的树。初夏开花，有一种特殊的气味，清爽宁神。然后小小的绿色的花，会落得一地，是给细心人的浪漫。因为粗心的人是绝不会看到这细碎的绿色的落花的。

蓝天路秋天最漂亮。因为路边院子里伸出了许多高大的银杏树。到秋天，一树树银杏，在阳光下，闪耀着金属的光泽。

芳草街的那个小公园里，前几天，我看见一棵大树上开着大朵的粉花，很惊喜地跑过去，一看就叫起来，是洋紫荆啊，就是那香港市花啊，没想到在这里也扎了根。

芳草街上有许多让人惊喜的植物。

这几天，路边院子里的构树结果了，红果子最后挂不住了，沉沉地砸下来，掉在人行道上。这构树以前并不算稀奇，小时候，到处都是构树，一到夏季，就看见到处是构树掉下的红果子，蚂蚁就跟着爬进果子里大吃大喝。现在行道树由环保局规划了，构树反而就少见了。

前两月，在芳草街散步，忽然发现地上掉了些桑椹，抬头一看，原来是一棵大桑树，结满了果子。树枝也不高，踮踮脚就够到了。于是那几天，我每次经过那里，都可以挑一两枚黑了的桑椹来吃。

但在玉林，最激动人心的还是春天的樱花。玉林西路的一个院子里，有几棵高大的树。平时，也不觉得他们有什么特别的地方，到四月，忽然就开满了樱花，极浅的绿色，花很繁密轻盈，一棵树顿时像长大长高了许多，像是要飞起来，又像是要融化在春天里的空气里一样。

也就是此时，白夜酒吧旁边那条小街，忽然变成了粉红色，那条小街的行道树居然是粉色的樱花。一路灿烂而急促的春光！面对此时此景，顿时会产生错觉，不知身处何处。

想起这些，我很想这样解词，玉林，就是玉树的玉，树林的林。其实我也知道，别处也会有漂亮的街景，只是我恰巧看到的是玉林。

都江堰

余秋雨 文

一

我以为，中国历史上最激动人心的工程不是长城，而是都江堰。

长城当然也非常伟大，不管孟姜女们如何痛哭流涕，站远了看，这个苦难的民族竟用人力在野山荒漠间修了一条万里屏障，为我们生存的星球留下了一种人类意志力的骄傲。长城到了八达岭一带已经没有什么味道，而在甘肃、陕西、山西、内蒙一带，劲厉的寒风在时断时续的颓壁残垣间呼啸，淡淡的夕照、荒凉的旷野溶成一气，让人全身心地投入对历史、对岁月、对民族的巨大惊悸，感觉就深厚得多了。

但是，就在秦始皇下令修长城的数十年前，四川平原上已经完成了一个了不起的工程。它的规模从表面上看远不如长城宏大，却注定要稳稳当当地造福千年。如果说，长城占据了辽阔的空间，那么，它却实实在在地占据了邈远的时间。长城的社会功用早已废弛，而它至今还在为无数民众输送汩汩清流。

有了它，旱涝无常的四川平原成了天府之国，每当我们民族有了重大灾难，天府之国总是沉着地提供庇护和濡养。因此，可以毫不夸张地说，它永久性地灌溉了中华民族。有了它，才有诸葛亮、刘备的雄才大略，才有李白、杜甫、陆游的川行华章。说得近一点，有了它，抗日战争中的中国才有一个比较安定的后方。

它的水流不像万里长城那样突兀在外，而是细细浸润、节节延伸，延伸的距离并不比长城短。长城的文明是一种僵硬的雕塑，它的文明是一种灵动的生活。长城摆出一副老资格等待人们的修缮，它却卑处一隅，像一位绝不炫耀、毫无所求的乡间母亲，只知贡献。一查履历，长城还只是它的后辈。

它，就是都江堰。

二

我去都江堰之前，以为它只是一个水利工程罢了，不会有太大的游观价值。连葛洲坝都看过了，它还能怎么样？只是要去青城山玩，得路过灌县县城，它就在近旁，就乘便看一眼吧。因此，在灌县下车，心绪懒懒的，脚步散散的，在街上胡逛，一心只想看青城山。

七转八弯，从简朴的街市走进了一个草木茂盛的所在。脸面渐觉滋润，眼前愈显清朗，也没有谁指路，只向更滋润、更清朗的去处走。忽然，天地间开始有些异常，一种隐隐然的骚动，一种还不太响却一定是非常响的声音，充斥周际。如地震前兆，如海啸将临，如山崩即至，浑身起一种莫名的紧张，又紧张得急于趋附。不知是自己走去的还是被它吸去的，终于陡然一惊，我已站在伏龙观前，眼前，急流浩荡，大地震颤。

即便是站在海边礁石上，也没有像这里强烈地领受到水的魅力。海水是雍容大度的聚会，聚会得太多太深，茫茫一片，让人忘记它是切切实实的水，可掬可捧的水。这里的水却不同，要说多也不算太多，但股股叠叠都精神焕发，合在一起比赛着飞奔的力量，踊跃着喧嚣的生命。这种比赛又极有规矩，奔着奔着，遇到江心的分水堤，刷地一下裁割为二，直窜出去，两股水分别撞到了一道坚坝，立即乖乖地转身改向，再在另一道坚坝上撞一下，于是又根据筑坝者的指令来一番调整……也许水流对自己的驯顺有点恼怒了，突然撒起野来，猛地翻卷咆哮，但越是这样越是显现出一种更壮丽的驯顺。已经咆哮到让人心魄俱夺，也没有一滴水溅错了方位。阴气森森间，延续着一场千年的收伏战。水在这里吃够了苦头也出足了风头，就像一大拨翻越各种障碍的马拉松健儿，把最强悍的生命付之于规整，付之于企盼，付之于众目睽睽。看云看雾看日出各有胜地，要看水，万不可忘了都江堰。

三

这一切，首先要归功于遥远得看不出面影的李冰。

四川有幸，公元前256年出现过一项毫不惹人注目的任命：李冰任蜀郡守。

此后中国千年官场的惯例，是把一批批有所执持的学者遴选为无所专攻的官僚，而李冰，却因官位而成了一名实践科学家。这里明显地出现了两种判然不同的政治走向，在李冰看来，政治的含义是浚理，是消灾，是滋润，是濡养，它要实施的事儿，既具体又质朴。他领受了一个连孩童都能领悟的简单道理：既然四川最大的困扰是旱涝，那么四川的统治者必须成为水利学家。

前不久我曾接到一位极有作为的市长的名片，上面的头衔只印了“土木工程师”，我立即追想到了李冰。

没有证据可以说明李冰的政治才能，但因有过他，中国也就有过了一种冰清玉洁的政治纲领。

他是郡守，手握一把长锸，站在滔滔的江边，完成了一个“守”字的原始造型。那把长锸，数千年来始终与金杖玉玺、铁戟钢锤反复辩论。他失败了，终究又胜利了。

他开始叫人绘制水系图谱。这图谱，可与今天的裁军数据、登月线路遥相呼应。

他当然没有在哪里学过水利。但是，以使命为学校，死钻几载，他总结出治水三字经“深淘滩，低作堰”、八字真言“遇湾截角，逢正抽心”，直到20世纪仍是水利工程的圭臬。他的这点学问，永远水气淋漓，而后于他不知多少年的厚厚典籍，却早已风干，松脆得无法翻阅。

他没有料到，他治水的韬略很快被替代成治人的计谋；他没有料到，他想灌溉的沃土将会时时成为战场，沃土上的稻谷将有大半充作军粮。他只知道，这个人种要想不灭绝，就必须要有清泉和米粮。

他大愚，又大智。他大拙，又大巧。他以田间老农的思维，进入了最澄澈的人类学的思考。

他未曾留下什么生平资料，只留下硬扎扎的水坝一座，让人们去猜详。人们到这儿一次次纳闷：这是谁呢？死于两千多年前，却明明还在指挥水流。站在江心的岗亭前，“你走这边，他走那边”的吆喝声、劝诫声、慰抚声，声声入耳。没有一个人能活得这样长寿。

秦始皇筑长城的指令，雄壮、蛮吓、残忍；他的前代筑堰的指令，智慧、仁慈、透明。

有什么样的起点就会有什么样的延续。长城半是壮胆半是排场，世世代代，大体是这样。直到今天，长城还常常成为排场。

都江堰一开始就清朗可鉴，结果，它的历史也总显出超乎寻常的格调。李冰在世时已考虑事业的承续，命令自己的儿子作3个石人，镇于江间，测量水位。李冰逝世400年后，也许3个石人已经损缺，汉代水官重造高及3米的“三神石人”测量水位。这“三神石人”其中一尊即是李冰雕像。这位汉代水官一定是承接了李冰的伟大精魂，竟敢于把自己尊敬的祖师，放在江中镇水测量。他懂得李冰的心意，唯有那里才是他最合适的岗位。这个设计竟然没有遭到反对而顺利实施，只能说都江堰为自己流泻出了一个独特的精神世界。

石像终于被岁月的淤泥掩埋，20世纪70年代出土时，有一尊石像头部已经残缺，手上还紧握着长锸。有人说，这是李冰的儿子。即使不是，我仍然把他看成是李冰的儿子。一位现代作家见到这尊塑像怦然心动，“没淤泥而蔼然含笑，断颈项而长锸在握”，作家由此而向现代官场衮衮诸公诘问：活着或死了应站在哪里？出土的石像现正在伏龙观里展览。人们在轰鸣如雷的水声中向他们默默祭奠。在这里，我突然产生了对中国历史的某种乐观。只要都江堰不坍，李冰的精魂就不会消散，李冰的儿子会代代繁衍。轰鸣的江水便是至圣至善的遗言。

四

继续往前走，看到了一条横江索桥。桥很高，桥索由麻绳、竹篾编成。跨上去，桥身就猛烈摆动，越犹豫进退，摆动就越大。在这样高的地方偷看桥下会神志慌乱，但这是索桥，到处漏空，由不得你不看。一看之下，先是惊吓，后是惊叹。脚下的江流，从那么遥远的地方奔来，一派义无反顾的决绝势头，挟着寒风，吐着白沫，凌厉锐进。我站得这么高还感觉到了它的砭肤冷气，估计它是从雪山赶来的罢。但是，再看桥的另一边，它硬是化作许多亮闪闪的河渠，改恶从善。人对自然力的驯服，干得多么爽利。如果人类干什么事都这么爽利，地球早已是另一副模样。

但是，人类总是缺乏自信，进进退退，走走停停，不断自我耗损，又不断地为耗损而再耗损。结果，仅仅多了一点自信的李冰，倒成了人们心中的神。离索桥东端不远的玉垒山麓，建有一座二王庙，祭祀李冰父子。人们在虔诚膜拜，膜拜自己同类中更像一点人的人。钟鼓钹磬，朝朝暮暮，重一声，轻一声，伴和着江涛轰鸣。

李冰这样的人，是应该找个安静的地方好好纪念一下的，造个二王庙，也合民众心意。

实实在在为民造福的人升格为神，神的世界也就会变得通情达理、平适可亲。中国宗教颇多世俗气息，因此，世俗人情也会染上宗教式的光斑。一来二去，都江堰倒成了连接两界的桥墩。

我到边远地区看傩戏，对许多内容不感兴趣，特别使我愉快的是，傩戏中的水神河伯，换成了灌县李冰。傩戏中的水神李冰比二王庙中的李冰活跃得多，民众围着他狂舞呐喊，祈求有无数个都江堰带来全国的风调雨顺，水土滋润。傩戏本来都以神话开头的，有了一个李冰，神话走向实际，幽深的精神天国，一下子贴近了大地，贴近了苍生。

面向未来的城市

刘家琨 文

城市问题过于综合复杂，讨论这个主题，应该有多学科多角度的参与，我觉得至少还应邀请经济学家、社会学家和规划师到场。虽然这样一来，由于专业术语不可避免地出现，会对一般百姓设置起话语屏障，但既然问题复杂，就不能通俗简化，老百姓也有责任多费点心思关心一下跟自己，跟儿孙后代息息相关的问题。

话题一上来，就在古建和拆迁上展开，立刻使我陷入一种熟悉的失望。这意味着，不管主谈双方如何诚恳，必将还是一场关于为时已晚的事情而进行的老生常谈。谁不怀恋老城，二十年来，基本上每个中国城市人都经历了记忆丧失的惶惑，突然之间，像红棋啪嗒一下吃掉黑棋，古老中国赖以附身的硬件环境被一个似乎有点临时的世界所置换。由于生长根基无迹可寻，我们的前半生恍若隔世。谈这话题太容易了，人人都有共鸣。

其实，你们经过的大片城区才是真正的成都。每到周末，私家车流沿着一条几乎比古镇还宽的马路涌向满是餐馆的黄龙溪，宽窄巷子正向上海新天地努力——怀旧型旅游资源的巨大商业价值众所周知，早已成为抢手的开发项目。但是，居住在城市质量平庸的“大片城区”中的成都人，周末到这几个地方逛一逛，成都地方历史人文精神的延续就有希望了吗？如何尽快解决延续地域特性的理论问题，提高新建城区的城市质量，而不是仅仅关注几处美学假象，这才是当前最紧迫的课题。

在我看来，成都平原特有的文化感和休闲精神的真正载体，早已不再是这些历史碎片，这些让人看了容易沾沾自喜、心生麻痹的名胜古迹，而是一辈人，是受那些业已消失了的硬件环境熏陶而成长起来的一辈人，而这些人，现在正在毫无特色的“大片城区”中逐年老去。如果我们不抓紧时间，赶在这辈人退出舞台之前，或者说赶在附着在他们身上的“非物质文化”淡化之前，在新的历史条件下，重塑有利于地方精神再生的硬件环境，再过些年，单靠那几处真实生活已被抽离的旅游摆设，哪里还谈得到人文精神在“新新人类”身上的延续！

很久以来，我们已经习惯于在城市问题上的叹惋，却很少认真思考并提供面向未来的建设性意见。其实，在这场史无前例的建设风暴中，不管什么人都是第一次面对，城市建设是要动手做的，不是站在一边说的，也不只是行业中人才能参与的，以触觉敏锐见长的文人学者，完全可以换一下角度，不要再仅仅关注那些零星散落的点，不要再仅仅纠缠于那些已经发生无可挽回的事情。现在与其面对过去，追究责任，不如把更多的注意力赶快放到如何在不可遏制的高速建设中尽可能创造一个好的未来方面。

1. 公共交通：人的视角，而不是车的

在欧洲，经过几十年的困扰，已经有一种意识，汽车的概念主要是代步工具，无端豪华是品位不佳。而在中国，汽车工业借助媒体的渲染，精准地切入久贫乍富的老百姓的内心：汽车是身份的标识和成功的象征，如果不能拥有至少一辆私家汽车，你的一生已近乎失败。成都还好，曾经满街都是以奥托为代表的小型车辆，这表明了成都人骨子里那种“有钱就讲究，没钱就将就”的宽松心态，不同于上海那种“要不就不要，要就要好的”攀比竞争。

但成都也不得了，私家车辆的拥有比例据说是全国第一。以汽车的大眼睛看来，道路自然要宽，路线自然要短，当然是没有自行车最好，如果连斑马线都没有就更爽了——于是，以车为本，逢弯取直的超级路网无情地“打通”原先那些以人为本的历史街区。道路不再是客厅的延伸和沟通联系的公共渠道，反而成为社区的阻隔。隔着刷刷的车队像隔着急流，精巧编织紧密联系的传统社区突然变成了几处大河孤岛。道路的突然加宽使房子和房子都疏远了，更何况人际关系。

人们不能再像从前那样在斜斜的小街上放心走路，打个招呼，甚至停下来聊一聊了。外地人说认不得成都了，说的是看不见印象中的青瓦绿树小街小巷的氛围，对道路格局的改变他们并不敏感，因为他们反正认不得路。真正认不得路的是本地人，几个陌生的转弯使他们一时不知身在何处，进城一趟要经历好几次恍然大悟。传统风貌的毁坏和生长根基的丧失使人叹惜不已，但驾车出行的现代便利又不可或缺，历史记忆和风驰电掣两样都想，没有想过的是后者就是毁掉前者的主要力量。

而对住在历史街区中的“沉默的大多数”来说，则是一样都想不成的了。

车辆疯狂增长，于是堵车严重，道路必须加宽，停车也成问题。加宽了的道路和增多的停车场，又像是鼓励买车，又像是解决问题。但真正的问题是不节食的胖子只要松开裤带，更多的食物就会进来。于是更多汽车要求更宽的道路，更宽的道路……

虽然地铁或轻轨不一定是终极解决，但如果致力于发展公共交通，情况会有很大改善。它使多数人能够方便地到达某个区域，并催生距离适当的步行。商业的繁荣，公共交往，休闲的气氛都因此而利于生长。香港地铁就是一个成功例子。

如果保留了街道的尺度和历史格局，情况也不一样。春熙路是个建筑新陈代谢，保持历史格局的例子：民国以来，春熙路好像变过不止一次了，最近的一次变化使建筑面貌全新。建筑好不好并没有那么重要，春熙路街道格局基本未变，还是那么宽那么长，差不多还是那样进入，差不多还是在某处转弯，因此成都人会觉得虽然一切翻新但仍是熟悉的。

和广州那种满街高架桥的做法不同，成都新建的下穿式隧道改善了汽车通过性。既没有破坏城市街道尺度，又为市民提供了步行空间，是个很好的例子。加强每个区域功能配置的完整和混合，减少人们为了某件事情必须到另一区域去的路程往返交通量，也是常提的一种对策。

2. 打破孤岛，玉林片区的启示

如果说传统街区被汽车优先的快速通道切割成为孤岛是被动的话，还有主动产生的孤岛——那些大型园区。新时代的超级大院占据大片城区土地，居住大量城市人口，但却缺乏比例相应的社区联系。为方便管理而尽量少设的出入口有门卫把守，四周有围墙隔离，虽然政府不能完全提供的公共安全由此得到了缓解，但同时也斩断了和城市街道公共空间的自然联系，从而进一步割裂了城市。

说它们像孤岛，还不仅仅指相对于城市网络来说它们像些补丁：和一些国家所规定必须在高收入阶层社区插入低收入阶层的做法不同，由于价位已定，不同档次的园区越来越清晰细致地标示出社会等级。加上了道德判断的“高尚”社区把“穷人”和“不高尚”的人围在了外边，“人以群分，物以类聚”，也许这正是购房者想要追求甚至想要炫耀的，但对一个追求健康融合，力求避免贫富悬殊日益深化的社会来说，却已经是个问题。

我的工作室设在玉林小区。玉林小区位于成都南面，是在20世纪90年代房地产风暴开始之前基本成形的。它是一个普普通通的安居小区，其规划组织原则是最平实的功能主义，外观也从功能经济性出发，没有粘贴任何文化符号，没有一点豪华，用诗人柏桦的话来说就是“贫穷而坦荡”。与今日遍布全城的其他小区的建筑质量、建筑材料、平面户型和建筑形式相比，它显然已经过时了。但事实上，玉林小区却成了成都最时尚、最休闲、生活状态最成熟的社区之一。玉林酒吧众多，时尚小店林立，日常生活便利，夜生活丰富多彩，成名多年的艺术家和最年轻的创业者往来出没，如果硬要类比的话，这个社区对成都而言相当于苏荷区之于纽约。

原因其实很简单，不在于房屋本身，而在于玉林小区的道路系统和组团规模：玉林不是一个和城市只有几个出入口相联系的超大园区（即我所说的“孤岛”），而是与城市融合的开放社区。宽度从20米、16米、9米到6米逐渐毛细化的街巷把众多由几幢多层住宅组成的楼盘组团紧密联系精细编织在一起，进出口就在楼群和院落，出了大门仍是玉林，但同时也是与城市融合的公共空间。

玉林的房屋大部分为多层，街道空间宽窄适度，机动车道和街沿宽度分配比较平衡。机动车、非机动车、步行被置于差不多同等重要的位置上。街道可以供汽车通行，同时机动车和行人也感到安全。今日的以车为本的规划没有关注到这种细密度，一般说来，总是用主要道路划出大的地块，剩下的事就是由开发商进行表演。对城市而言，通常这些表演集中于视觉识别而不是沟通体系。规划只关心了路以及供人在路上观看的广场，很少关心街，更没有关注巷，而街巷空间恰恰是更有利于人们活动交往的公共场所，是休闲、交流，以及生活细节随意发生的土壤。

撇开建筑单体不谈，玉林小区从建设时段和规划方法上看，都介于传统街坊和当代孤岛之间，它是一个介于两者之间的例子，而这个“之间”里有没有我们想要的平衡，我认为可以作些思考。

3. 不要盲目追求“建筑的个性”

全球化，至少是“全国化”的苦果是：由于全国各地人民上下一致追求同样的东西，导致了生活意愿的雷同及其外观表现——“千城一面”。而“千城一面”这个原本更多涉及价值取向、城市定位、整体风貌的用词，不知为什么，也许是太容易和“千篇一律”相联系，总是被简化为同一个城市，甚至同一条街道上的单个建筑的立面风格问题。

媒体和公众在谈到这个问题时立刻一致指责满街的建筑风格雷同，没有个性，而真实的情况往往是，满街的建筑各自为政，五花八门，涂脂抹粉，争奇斗艳，生怕不能盖过邻居。如果建筑可以尖叫，有些建筑恨不得尖叫起来。正是由于没有协同一致的意愿，才不能形成街道和城市的统一风貌，应该说它们是不够得体，而不是没有个性。

中国传统建筑艺术和城市面貌的精髓在于：用一套千锤百炼、高度发展的预制体系，经过合乎力学原理的巧妙架构叠加，形成基本相似的建筑单体。这些建筑单体根据生活的哲学和生活的功用铺陈布局，相互联系，围合空间，融合自然，又通过一些特殊的节点景观如楼、塔、亭、阁的提升，共同形成一个单个细胞变化有度、总体组织丰富多姿的和谐整体。

在传统中国城市里，建筑的个性设计并不是首要问题。相同的地理、气候和文化认同，相同的习俗和营造方式，使同一地区的建筑风格一致。所有的北方古城其实都差不太多，正如所有的南方小镇彼此也差不多一样。变化着的与其说是建筑个体，不如说是群体对地形地貌或规划格局的依从。由于基本相近，个体间略有差异就很容易被注意（相似性差异），反不像五花八门各自为政那么乱得雷同（差异性相似）。

建筑个体立面风格的多样化，甚至迪斯尼化常常不但不能给城市生活带来真正的愉悦，反而会增添视觉疲劳，使城市显得混乱。城市的风貌特征主要依赖于公共空间的各种元素协调联系组织，而不是单体建筑的立面表演。有时候，单是行道树一项元素就比建筑更容易彰显风貌，比如我们曾经有过的芙蓉和法国梧桐。

4. 保有我们钟爱的生活方式

和认为通过建筑立面的多样化就能够提高城市质量增强识别性相似的是，认为采用地方传统建筑的表面样式就可以延续传统。在一些地区，为了追回地方特征，建筑处理又走回了几十年前曾经走过的复古老路。一个坡顶，一只翘角，平屋顶外沿上的青瓦挑檐——有时候干脆把大片建筑墙面画成穿梁斗枋，或者干脆就模仿田园古镇。

毫无疑问，传统建筑精美绝伦，独一无二；但不得不说的是，由于时代的巨变，这套体系的生命力已经过去。在当代城市里重建真正的传统生活环境的想法听起来情意绵绵令人向往，对传统的表面模仿，甚至局部的完成，显然也可以满足一部分情感之需甚至得到激赏，但从大局来看于事无补，反而会使传统的精神内涵表面化，虚假化，变成一种表演体系。

在地方记忆急速丧失的今天，一个城市或一个地区急于寻求一种代表自己的语言是正常的情感反应。从社会心理上讲完全可以理解，但同时也要认识到，目前流行的这种取传统之表皮急就草成的做法，只是一种补偿文化损失的权宜之计，是即刻达到短期目标的布景层面上的肤浅尝试。

之所以产生这种做法，应该是源自于对当代中国建筑可以理解的失望。现代建筑从上世纪早期进入中国，其间磕磕绊绊，和社会的起伏变迁不可避免地扭绞在一起，然后又经历了近三十年的中断。中断的不仅仅是建筑传承，更重要的是全社会全方位的意识。用传统体系的完美性和当代建筑相比，并以此为由贬低甚至鄙弃当代建筑的努力，不仅有欠公平，其实也是另一种浮躁：因为一个体系经历了上千年的发展已经到了顶端，而另一个才恢复接续了二十年。处于“青春期”的当代中国建筑肯定有很多不尽如人意之处，建筑师水平不高或者满足于粗制滥造都是很大的问题，但当代建筑的基础毕竟是当今时代真实而广泛的社会资源和社会生产力，它代表未来，就像传统建筑在古代一样。

比模仿传统形式更值得讨论的是模仿传统生活条件。在密集生存、土地匮乏的今天，这类占据大量田地营造田园小景的都市乡村化做法，其实是一种很大的奢侈，因为田园都市仍然是都市，都市里的田园不能种田。它触及了中国国情中最紧要的现实，隐藏了深远的资源问题。

在当代条件下延续地方人文特征的真正前途是：根据城市自身的历史资源和由此生长出来的发展战略，确定具有延续性的城市构架，合理利用资源，同时立足于当代生活的功能，用当代的技术和材料，创造真实的、当代的、具有地方特性的建筑类型和风格——就像各地的古人们在他们的“当代”那样。但这需要时间，需要甘为铺路石的勇气，需要全社会从基础教育、意识提升到具体技巧等的持续努力。

由于川菜，辣椒几乎已成为四川的象征，其实辣椒在400年前才传入中国。我们完全可以相信当代人的同化力和创造力，相信地方人文精神可以在当代延续复兴。积极应对，慎重行事，多动脑筋，也许在汽车和网络两个时代同步来到成都平原的时候，我们也还有机会保有我们钟爱的生活方式，在现代都市中重建富于人性的生活环境，满足人们在熙来攘往悠然自得中交流互动的休闲天性。

一个金融女高管心中的成都生活

黄璟 文

我在祖国的南方长大，西面环山，东面邻海。我的家一年四季都被绿树环绕，从小我就醉心于完全投身大自然的那种自在感和更新感。后来到上海念书，在北京工作，往来于车水马龙和霓虹交错之中，除了偶尔爬爬北京郊外的野长城，我几乎快要忘记了自己与自然之间理所应当的联系。所以当我因为工作关系来到成都的最初时刻，便有种似曾相识的幸福感：当你开上绕城高速（相当于北京的五环），就能看到两侧满眼郁郁葱葱的绿色，连绵不绝；在“习惯”了过去六年里北京冬天的寸草不生和肃杀萧条后，内心深藏的那一部分竟然就这样被瞬间唤醒了。

后来我搬到了成都，在定居于此的日子里，我时不时就要跑出去，跑向自然的怀抱。曾尝试在夏季雨夜里徒步25公里，

途经息心所、华严顶、洗象池，走上峨眉山雷洞坪；也曾驱车翻山入四姑娘山，和牦牛一起在原始森林和潺潺河流间漫步；更是在雪夜里露宿达瓦更扎3800米的山头，看日升星落。我可以在北京上海深圳的瑜伽馆里练习冥想，用意念将自己置身于蓝天白云下，雪山峡谷间。而在成都，你不用靠想象——心灵的后花园开车两三个小时就能抵达。

后来的后来，我的脚步仿佛是被心灵所指引，越走越远，也越发热爱这片神秘又神奇的土地：若尔盖的花海、新都桥的彩林、夕阳下壮美的佛学院、湍流上险峻的古蜀道……就连旅途的高原反应都成为一种朝圣般的身体感应：远古时期喜马拉雅造山运动所成就的地理形态的伟岸雄奇，加之雪域佛光渲染之下的信仰气息，让我好几次在这样的组合面前有一种无法言说的敬畏和深情。我仿佛感受到了世俗情欲之上的启示，它不断地召唤我回来，一次又一次的，在空气稀薄的强烈阳光里渐渐忘记了自己。

我的一位朋友——毕马威会计师事务所西南地区最初创立的合伙人之一——对我说，和现代大都市里君子之交的强烈“边界感”不同，成都人很喜欢“麻烦”和“被麻烦”朋友，甚至以此为衡量友谊程度的标准。的确，这也是我在成都这么久以来最深刻的感受。与一线城市人民的“忙碌”甚至是无暇自顾相比，二线城市的节奏要慢很多，人与人的关系也更加从容，不那么“交易主导”（transactional），有了更多回归本真的感受。

最初的感觉来自“问路”这个基本活动。在北京或上海，问路的回答一般是不太耐烦地叫你“往前走就到了”。然而好几次在成都问路，陌生的路人都会重复好几遍，甚至恨不能亲自带我走到目的地去。常常在各种场合，只要你愿意开口，就可以轻易结交到新朋友——听起来跟易患“冷漠病”的大都市格格不入不是吗？年初去深圳，一位朋友告诉我，在那里，我们的同龄人即使在茶楼里也要聊创业聊股票聊房市，“不像你们成都人喜欢打麻将聊闲篇儿”——一线城市的熟人里，个个都是时不我待、奋发图强。

据说成都拥有全中国最多的沙龙组织、全国最多的博物馆（102家非国有博物馆），以及数量仅次于北京的书店（3463家）。我猜想成都的茶楼（真是喝茶的地方而不是饭馆，尤其是在出太阳的天气里摆在坝子上的那种）数量估计也是全国数一数二的。这样的环境真不太利于滋养重在利益交换的商业氛围，不过在这些场合中遇到的人则可能成为你日后志同道合的亲密知己。在北京上海的那些年，我的朋友们天南海北来来往往一茬接一茬，即便是生活在同一个城市里的也慢慢因各自的生活重心变化而疏于联系；我在成都也许是因为工作关系，认识的基本都是本地朋友——令我至今仍印象深刻的场景是，在朋友的饭局上常常会出现很多新面孔，大家被张罗着互相认识，然后就有了后面第二次、第三次见面甚至于变成挚交的机会。四川人民的热情和朴实常常让我有独在异乡不为异客的感激之情。

选择一个城市就是选择一种生活。这一点，我完全认同。对于一个天性漂泊的天秤座来说，安定，可能不是一个稳妥的选择，特别是当他已经完全具备在一个陌生环境中生存并建立支持网络的能力时。所以在过去十年里我搬了八次家，跨越三大洲，六个不同城市。每一次总觉得似乎还有什么可能，还没有安定下来的需要。每一次问自己“下一站去哪？”的时候，想必既是面对，也是逃避。既然想要追求自由和理想，也许就必然失去稳固和物质（财富）。

朋友跟我说，一个好女人既要脱俗，也要有烟火气——从前在我身上总觉得前者太多而后者不足，而当他看到我在成都路边苍蝇馆子的小板凳上捧着碗吃抄手的时候，觉得我才真实而丰满了起来。这是一个我一直以来津津乐道的故事。我渐渐明白其实每一个人都可以拥有多样的人格和举止，只是看你愿意把自己放在什么样的环境之下，如何惯纵，如何激发。

几乎每一个在成都经历过2008年“5·12”汶川地震的朋友都有异常深刻的人生感悟——谈起来都令人感动落泪。有很多在外漂泊的成都人和在成都的外地人也都是在那个时候，选择把成都作为今后定居之所——我能感受到每一个人心里的眷恋和爱。一个人的生命当中不一定都会有如此震天动地的经历，但是一定会有一些令我们的人生出现转折的人和事以及地点。要在让自己心灵自由的地方找到实现理想的机会，也要能遇到志同道合的搭档和伙伴。如果还能够轻而易举地飞往世界上其他国家和城市，那就再好不过了。看着窗外天府大道上车辆川流灯火辉煌的夜景，还有暮色中闪亮的太阳神鸟，我心里想，也许，成都，会是这样一个地方吧。

“少不入川，老不出蜀”。是也。

为什么我敢说成都是有文化的城市

张丰 文

独立作家周成林在新书《爱与希望的小街》中，写他80年代初在四川省文联对面杂货店看到流沙河先生时的情景："那是冬天，他系着围巾，裹了一件大衣，双手插在衣袋内，干瘪的核桃小脸我一眼就认出来。只是我生性不幸逆反，不论何时何地，遇到我喜欢与崇敬的人，我从不愿意超女粉丝那样大声尖叫释放什么激情，我从无追星习惯，也不热衷请人签名。所以，我只是偷偷打量他，内心激动，脸上平静。"

但是，成都毕竟是一个追星的城市。不久前，流沙河在腾讯大家讲堂开讲《诗经》，现场限制40人入场，虽然时间安排在周五的上午10点，最后进来的人仍超出了一倍。讲座结束，签名，访谈，已是中午12点半，流沙河先生想快步走出书店，但是被那些追星的青年拦住。他们要求合影，老先生也都爽快答应。

听流沙河讲《诗经》，有一种迷人的仪式感。他不用现在流行的PPT，而是用黑板。在开讲之前，他用粉笔把《蒹葭》与《汉广》工整地抄在黑板上，这是两块新添置的黑板，上一次讲座那块连同板书，已经被人搬走收藏了。人人手持智能手机的时代，可以通过网络搜索获取新知，而所有的人都静静地坐在那儿，就像小时候坐在教室里一样。

这两首诗，都曾入选过课本，大家耳熟能详，普遍以为这是爱情经典。“蒹葭苍苍，白露为霜。所谓伊人，在水一方。溯洄从之，道阻且长。溯游从之，宛在水中央。”（《蒹葭》）“南有乔木，不可休息；汉有游女，不可求思。汉之广矣，不可泳思；江之永矣，不可方思。”（《汉广》）与儒家那种政治解读相比，理解为爱情诗，似乎更符合人性，但是流沙河认为，这两首诗所描绘的既不是政治，也不是爱情，而是与河流相关的民俗活动。

这个解释和流沙河早年钱塘江观潮的体验有关。远看大潮将至，身边的人潮率先站起，“来啦”，这是最激动人心的时刻——其实还并没有来。等一会大潮真正来了，人们反而比较安静。“来啦”，这是不由自主的、震撼人心的呼唤，流沙河经过考证发现，古人观潮，也是如此这般先欢呼一声“来啦”。这喊声，近乎遗传学的传承，因为从来没有人经过什么专门的观潮培训，这一声“来啦”，既发自内心，又回应了先人。这是一种什么样的力量？流沙河先人认为，这来源于祭祀活动。春秋时期，生活在大河边的人们，祭祀河神，是一种最常见的民俗活动。

流沙河先生将自己的这一系列讲座命名为“《诗经》点醒”，对我来说，这个解释真是“点醒”了我。我想起海子的诗句“给每一条河每一座山取一个温暖的名字”，为河流命名，大概也是来源于这种祭祀活动？在《诗经》中，有很多写河流的诗篇，不仅有上述汉江（“汉之广矣”）这样有名的大河，也有没那么有名气的河流，比如淇河（“淇水汤汤，渐车帷裳”）。这些河流，从古至今都使用着同样“温暖的名字”，但是居住在河边的人们，却经历着无数的悲欢离合。淇河在河南，我曾漫步在河边，它并不宽阔，你很难想象，这清澈而安静的河流，竟是从《诗经》中流过来的。

这就是文化。如今的中国，很多河流都消失了，在成都，很多以“桥”命名的地方，也找不到河了。但是，人们仍然愿意聚在一起听流沙河讲诗，讲这些在远古的河边发生的故事，是内心中“来啦”的呼唤，也是流沙河先生的魅力使然。一个半小时的时间，不用看任何材料，引用大量原文而不出错，仅仅这一点就不是靠PPT混教室的教授们所能及的。这是纯粹民间的传承，是一个读书人漫长坚持之后的自然修为，这种坚持最初是由于兴趣，最后则发展为责任。除了讲《诗经》外，流沙河先生还在成都图书馆讲唐诗，每次讲两三首。这是成都人最大的福利，但是非常可惜的是，在现代传媒新闻观的考量之下，这样的讲座，见诸报端往往只有两三百字，真是现代性悲哀之一种。

流沙河先生最初是写现代诗歌的。我还在读中学的时候，课本里有一首《就是那一只蟋蟀》，就是他的作品。我着迷的不是这首诗的主体部分，而是前言——台湾诗人Y先生说：“在海外，夜间听到蟋蟀叫，就会以为那是在四川乡下听到的那一只。”课本的注释告诉我，Y就是余光中，台湾著名诗人。我那时感兴趣的是，一个台湾诗人和一只四川乡下的蟋蟀，到底有什么样的故事。这是我对流沙河先生的全部印象。等我到了成都，知道他是本地的一个文化名人，很多餐馆、书店的店招，都是他写的，包括我最喜欢的“弘文书局”。他以自己的方式，滋润着这座城市。

他是这座城市的孩子。1956年，中国作家协会文学讲习所要留他在北京工作，他说不，不愿做北京人，“但愿循我灵魂之所安恬，做我的成都人”。在回成都的路上，他写下了《草木篇》，其中有一则叫《藤》：“他纠缠着丁香，往上爬，爬，爬……终于把花挂上树梢。丁香被缠死了，砍作柴烧了。他倒在地上，喘着气，窥视着另一株树……”后来，《草木篇》在四川省内、在北京上海都被批判了，最终，他被打成“极右派分子”，帽子一戴就是20年。

这座城市的温情之处就在于，即使被打成极右派分子，流沙河仍然有书读。在成都北郊凤凰山劳改，白天他不得不学习《红旗》，但是在夜晚，他仍然可以挑灯苦读《说文解字段注》这样的古籍。他的幸运，还在于能得到像车辐这样的老先生的支持。50年代，流沙河出第一本诗集，送给车辐时就写着“车辐吾师指教”。车辐不但知道他读书，在他劳改时，还帮助他拉车，“派来助我拉车的人多矣，唯先生最卖力”，“背心短裤，满脸汗尘，仍有那么多曲艺界乃至川剧界的老朋友向他鞠躬问好”。

这就是文化。这种对文化人的尊重，在最寒冷的时刻，也能给读书人以温暖。一个城市的文脉，就这样得以传承。或许有了这样的经历，流沙河先生对爱读书的年轻人特别喜欢，他曾提到与某后辈的交往，“相互对谈，欢声笑语，甚是快活，真学友也”，“有一天见他一边读一边走，读到会心处，脸上还带笑。拦住问读的啥，原来是哈耶克的《通往奴役之路》。

放他走后，回头目送，见他低头还在走读，穿行在人群中”。这是喜爱，某种程度上比关爱扶持更重要，因为这是发自内心的尊重，对后辈的鼓励是最大的。

最近几十年，中国的城市按照统一的样式发展，从建筑来看，城市之间是越来越像了。在成都的一条街道上，左边是攀枝花银行，右边是大连银行，把你空投在这条街上，你如何能够认出这是哪里？很多以“历史文化名城”命名的城市，其实不过是在说这里在历史上有过不少名人。济南有一个文化长廊，里面供奉着12个文化名人的雕塑，最年轻的是蒲松龄，也已经去世了300年了。

真正有文化的城市，必然会有这样一些文化人：他们爱自己的城市，因为惰性或者习惯，他们不愿或很少到别的城市去生活，从而发展出对所在城市的深爱，这种深爱往往让他们拿起笔来，深入研究这座城市的过往，从而，当下与过往对接，让一座城市的文脉得以形成。有了车辐、流沙河，我们可以说，成都是一个有文化的城市。

穷人也可以过地道的成都生活

周成林 文

（一）

第一次去新二村，大概十年前。那时，我在新二村对街一条小巷租了单间，什么“单位宿舍”的顶楼，第七层，不是第七重天堂，更像第七层地狱。三房一厅超大面积的房子，原本是给“单位领导”尊享，结果隔成三套小间，虽有独立厕所厨房，但我“那套”冬冷夏热，夏天没风，冬天透风，住起来不是一般的难受。

城西这一片，我之前不太熟悉。很多年前，祖母病死家中，民办殡葬公司来南门上池北街十九号收遗体，还是改装的脚踏三轮车，后面挂一个长长的铁匣子，看起来简陋且恐怖。我和邻居伍大郎骑着自行车，跟着铁匣子，一直跟到铁路局医院的殡葬公司交钱办手续。新二村就在旁边。

那时的新二村，比祖母和我住的小杂院气派。省城很多人还住破落瓦房。住楼房的，尤其有私家厕所，不用去街口公厕倒马桶的，哪怕“一般群众”，也比住瓦房的高级。新二村的六七层居民楼，据说是一九八九年左右建的，也就是祖母去世前几年；从前都是瓦房，还有田地，有点乡下。住那里的，就像小时候我们一帮顽童摸爬滚打过的南河羊皮坝城边街，居民多是引车卖浆，或“农转非”前的城郊农民。难怪新二村的全称，叫作劳动人民第二新村。

祖母死后那五年，我做技术“外劳”两进两出澳门，又去深圳晃了好几年，其间回来几次，省城渐渐面目全非，自己也晃成没了家园的半个“流亡者”。十年前，等我终于堕入新二村对街的第七层地狱，劳动人民新村也已成了旧村。

但我还不是新二村的常客或茶客。省城那些年，五元的露天茶馆不少。喝茶于我，当然不只为茶，而是打发光阴，减少斗室自闭的精神分裂概率；加之喜欢“露天作业”，习惯坐在街边写写译译。新二村当时也没什么茶馆，况且人的惯性，兔子不吃窝边草。除了不时到村内菜市买点蔬果，牵着深圳带回来的“北京杂种”Nickel，到村口老黄面那里，帮衬长得很像殷秀梅“低配版”的下岗女工，或者凑到一旁的大头侏儒烧烤摊烤几串荤素，我在村内只是匆匆过客。喝五元茶，我别有去处：附近一条梧桐小街的露天茶馆，老板娘也是下岗女工，善解人意又很殷勤的“熟年王祖贤”，寒冬爱穿豹纹皮裤，肃杀天气下风风火火。

Nickel后来老病而死。二〇〇八汶川地震后，我搬出第七层地狱，就近“移民”，住进“夏威夷”的电梯公寓单间，新二村去得更少了。随后又是两年大理蛰居。从物价腾飞的大理逃回来，省城变化更大，表面光鲜喜气，五元茶馆多半变成十元，只是我愈来愈穷。“熟年王祖贤”的小街茶馆，曾是我的“工作室”，也作鸟兽散。

只有新二村基本不变，大概因为一次拆迁几十栋旧楼，本地平民或贫民超过千户，不是鸡毛蒜皮，阴差阳错，反而暂时成了活化石：露天菜市依然天天赶集；大头侏儒的烧烤虽然没了，“殷秀梅”的老黄面照卖；住在底楼的居民开的几家机麻茶馆，成行成市，竟有“熟年王祖贤”五元茶馆的遗风。唯一不好，就是新二村位于中心城区，房子老旧，租房却不便宜。不然很有可能，我会客居村中。

（二）

只是，这一次，不愿自闭的独立穷人，便宜又就近，再也找不到相对惬意的“工作室”。好几年前，读什么作者采访，那人说爱去星巴克坐一天写一天。太奢侈了。每天敲数千字穿越小说或网红文章，咖啡钱，当然腋毛一根。我没这个能耐，也不喜欢。从大理回来，“市调”一阵，自我也有清醒定位（用人生导师的话：知道自己要什么），不论喝茶发呆，还是买菜吃饭，我只能“穿越”新二村。好在这次住“罗马”，走路到那里，最多不过半小时。

可我至今不知道怎样描述新二村。几年体会，姑且先说村里没有的，也是让我欣慰的没有，因为若有，新二村就跟省城表面光鲜的街区一样了：星巴克，炸鸡店，汉堡包，大小连锁超市，通宵便利店，烘焙坊，书吧，酒吧，西餐厅，私房菜，茶艺馆，二线或三线国产牌子的昂贵时装屋，广场舞（稍觉奇怪，但也欣喜，估计想跳的居民别有去处），文艺小清新或老清新，女神名媛，男神公子，装模作样做了“拉皮手术”的旧楼……

接着说有，也是让我欣慰的有：自称“老不死”却又牙尖八卦的老头老太，日妈捣娘的半老徐娘小家碧玉和“低配”油腻男，顺着旧楼延伸的露天菜市和日杂街市（当然也有流动小贩和租房做小生意的乡下人或外地人），“群众”阅报栏和“群众”健身器械，超过十家的露天或半露天机麻茶馆，暧昧或不暧昧的几家按摩店，左邻右舍不是肉档就是菜摊的两家旧书店，让你一路吃下去的街边美食，到处乱窜毫不名贵的大狗小狗，城市中产不屑一顾的“低配”小学和幼儿园（当然也有“书法考级基地”校外开张），最后，还有一家入场两毛的收费公厕（这在省城可能硕果仅存）。

新二村不大，就像小型乡场，走一圈约莫半小时，总是让我想起前些年流连的第三世界大小城市的平民街区：缅甸的仰光和曼德勒，柬埔寨的马德望和磅湛，印度的加尔各答和旧德里，尼泊尔加德满都迷宫一般的老城。我更想起从前的省城，那时的多数街区，都跟现在的新二村神似。我要说的，当然不是贫穷必定让人高尚或自豪（比起更穷的人，新二村的平民不算最穷，虽然总体也是无权无势），而是都市生活的原生态，这也是新二村跟上述第三世界的共同之处：本土或本真。

正像都市的独立穷人找不到便宜又就近的“工作室”，第三世界（包括省城）的都市原生态，或市井生活，经历“发展”和“致富”的频频围攻，现在也愈来愈少，或近绝迹。最大祸端，该是各类冠冕堂皇的gentrification（“改建，改造，升级”），让多年来形成的平民（或贫民）社区消失，让一个街区的公共空间（即使那是缺乏隐私或表面混乱的空间）整齐划一索然无味，让一切生活成本贵得离谱（最大受害者还是穷人），更让邻居不再是邻居，而像陌生人或敌人，让鸡毛蒜皮的日常生活，变成表面精致的物质荒原。新二村的消失，也是毫无悬念的时间问题；再过些年，不会再有这样的市井活化石了。

然而，我在村里常年晃荡，最主要的动机，并非要做学者式的“田野调查”，或做偶尔放低身段体验生活的情怀文人。新二村让我欣慰的“有”，恰好就是我的基本需求，因为自己就是毫无身段的穷人（极有可能穷过很多村民），根本无须“体验生活”。这也是我“穿越”新二村的最原始理由，若是只有光鲜街区，我可能难以生存。譬如，我爱帮衬的村中面档，居民楼院门道内的苍蝇餐馆，都是住了几十年的老居民所开，菜不贵，但基本不会吃出问题；价格，尤其家常炒菜，更比村外便宜一两块钱或更多。对于穷人，天长日久，这远远不止心理安慰。更重要的是，你很自在，觉得用很少的钱，还能不失基本尊严地活着，穷得未必没有乐趣。

（三）

在新二村，我去得最多的，还是老七两口子的机麻茶馆。老七跟我差不多年纪，常年平头，如省城土生土长的不少居家男人，中年微胖。七娘子，比老公稍长，轻言细语，年轻时绝对是朵花，皮肤好，现在还是曼妙身材，走起路来，腰肢以上习惯直着，两手微摆，似乎只有两腿在动，很有端庄仪态。他们的茶馆开在流过村边的小水沟旁，水不清亮，沟边却有不大不小一块空地，又有柳树和小叶榕，算是村里景色最好的。正对沟边的几户底楼居民，近几年都靠这块空地谋食，机麻茶馆挨着开了四五家，生意都不错。

老七的茶馆是自己的房子，老式一套二，全拿来做生意，住家就在村里另外租房。我不打麻将，看中的是水沟边小叶榕下的空地，还有几家茶馆门前自己栽的七里香藤或花棚，透气又有绿意。不同于“熟年王祖贤”的茶馆，这里白天茶客太杂，露天赌客也多，吵闹，做“工作室”不合适，所以我多半黄昏才来，尤其夏秋，幽魂似地坐上一两个小时，常常隔着小路，看着老七一家在花架下面喝酒、晚饭。

五元的茶，花茶或素茶，虽没好到茶艺馆的等级，但一直很好，比十元十五元的茶楼都好。老七这家待客也是最好的。你来了，哪怕一个人，想坐哪里（只要不侵占别家茶馆地盘），他们都会乐呵呵给你摆好桌椅。隔壁的老马两口子也开机麻茶馆。老马六十来岁，也是老居民，像个武夫，七里香藤架下，还挂一个小牌子：“修车，加气，补胎”，但他的脾气就比老七躁得多，或粗得多，他们的茶也稍逊。

让我放松的是，老七两口子从不打探或追问我是何方妖怪；独来独往喝茶的雌雄怪物，远远不止我一个。只有一次，七娘子以为我在村外几步之遥的省级窝囊报社上班，我也不置可否。但我从来也不问他们以前做啥，来历如何。人与人有点距离比较好，或分寸感，超过一定界限，就是窥探，甚至侵犯，即使彼此都是穷人。

轻言细语的七娘子，也会让你刮目相看。去年夏天，老七两口子跟隔壁新开的机麻茶馆争地盘，老七打电话请来“大哥”助阵。六十来岁的“大哥”，脸上刀刀肉，魁梧有匪气，带了几个弟兄，开着黑色SUV进村。一下车，老七两口子和几个酒友，就给“大哥”敬烟敬茶。兄弟和弟妹被人欺负，“大哥”很生气，走去隔壁准备“摆平”，很快被劝回来。“太欺负人了！”“大哥”说，“今晚就开战！弄几个来摆起！”老七忙把“大哥”劝到沟边吃烟、喝茶。战没开成，七娘子却有些神气，两手略叉腰间，路边走来走去。

老七的茶客（当然还有别家），除了村内外的“资深”主顾，偶尔也出人意料。去年夏末，我在村里遇到一个法国人Lam，大概五六十岁，家住蒙彼利埃附近一个海滨村子，他说是个度假地。第一次见到，Lam拄拐杖，腿动了手术。第四次见到是黄昏，就在老七茶馆，聊了一阵，算认识了。他第二次来村里。去年一月第一次来，在村边某“涉外”客栈住了几天。这次又从上海来，住了两个多星期。

Lam说他喜欢新二村，真正的生活，真实的生活，也因为他在这里看不到外国人（这么久，他在客栈只见到一个英国人）。腿好了，他常坐巴士去猛追湾游泳。昨天去看了高大上的方所书店。但他没啥兴趣，包括书店周围豪华的购物中心，“哪里都有，都一样”。这次，他在村里不仅赶“早市”，还结识几个“朋友”，帮村口一个小男孩辅导英文；孩子的父母，是卖花生干杂的小贩。聊得火热时，Lam有电话，他要去辅导“露水”学生了。“我下周二坐火车回上海，然后离开中国。”他说他会想念新二村，我则说我常来。

法国人可以放开。身为本国穷人，江湖险恶，却要尽量保护自己；穷人之间也有势利，也会彼此伤害。在村内，我从不跟茶客深聊，只是偷听者和看客。比起靠近省城机关的“熟年王祖贤”茶馆，这里的茶客更加平民。但我不怕俗气和匪气，就怕高端大气上档次的商务气文化气；前者虽不见得美好，还有率直率性。然而时间久了，一周碰面数次的茶客，即不认识，或没交往，但你看熟此人，偷听他或她的无数闲聊，知道对方或多或少的底细，谙熟对方的语调、步态和表情，彼此眼中，都像一件早已习惯的活摆设，或像一段拉长行程不得不面对的旅客，总觉得有同在一条船的怪异关联。

我最喜欢的茶客之一，是看起来大我几岁的男人婆，腮帮两团死肉，有些凶悍。我和男人婆仅有的往来，是她主动借过或送过一个打火机给我。男人婆有痔疮，走路小心翼翼，总像病痛复发。她老公也有痔疮。不是我有特异功能，隔着衣服也能看出痔疮，而是有天她跟同桌聊得起劲，被我偶然听到。她讲她和老公怎样互相敷药，老公疼得不敢坐椅子，只能找个汽车内胎的橡胶圈来坐。男人婆也讲“家庭理财”，真假难辨：“我老公每月拿五千块钱回来，一千我存私房，四千吃和日常开支水电气。社保是他给我买的，我一点不操心。卡上的钱，他存进来我不管，他一取我就晓得，老子的手机上有短信显示……”说到这里，男人婆干笑几声，很得意。

（四）

喝茶在于打发时间，减少斗室自闭的精神分裂机率；吃饭，则是为了存活，烦的是每天得吃。独立穷人很难天天做饭，悲观厌世或想偷懒，多去村内填肚子。我眼中的新二村美食，有招牌或没招牌的，大致是这些：老黄面，光成季节菜（每到夏夜，小男人夫妇开卖味道巴适的“冷啖杯”），中年人妻主理的万州麻油抄手，肩膀上常有一只鹦鹉的胖妹卖的牛肉面，汪五妹的炒菜馆，村那头靠着西体路的三元一串烤五花肉，万春老卤的嫩豆花，每天下午摆摊的西昌小老板的干拌牛肉，还有老居民开的几家无名面档……

“低配版”殷秀梅的老黄面，是我在村内最早吃到的美食，还住第七层地狱那阵就爱帮衬。老黄面这名，应该来自她的老公老黄，挂在墙上的一小块纸板招牌，的确也泛黄了。“殷秀梅”能干利索，煮面挑面兑调料，老黄反而成了帮工。两口子就住一旁旧楼，摆了十年左右露天面档，黄昏开卖，一直卖到夜里十点左右。

老黄面比村外很多面馆的好吃，价格更不用说，每碗便宜一到两元。几乎每次，“殷秀梅”把面端给你时，筷子都先在锅里烫一烫，然后是很陋的筷子摆法，直接插进面里。“弟娃儿，整！”这是她的口头禅。我一直喜欢听“殷秀梅”说这个“整”字，很形象，很实在，很利索，很“劳动人民”。

去年秋天，老黄面突然结业。露天面档，当然不会想到贴张告示。我是渐渐察觉的，因为“殷秀梅”两口子周末常休息。但是，接连十来天不见摆摊，好几次，从“罗马”走到村里，就为一碗面，我都失望：这下，再也吃不到老黄面，也听不到“殷秀梅”把面端给你时那个利索的“整”字了。老黄面所在的空地，后来又有别的面档，尽管也很好吃，过了一阵，坐在老七那里，看到“殷秀梅”和她老公匆匆走过，我还是差点想走过去，以老主顾的资格问一句，你们咋不卖面了。

汪五妹开在楼院门口的炒菜馆，招牌名字通通欠奉，就在老七茶馆的后门附近，是我这两年的最爱。五妹也是老居民，目测大我几岁。她小时候爱吃锅巴，她妈就给她起了“糊锅巴”这个绰号。“糊锅巴”你当然不敢乱喊，我是偷听来的，她跟请来帮厨跑堂的乡下女人说起过。

“糊锅巴”的家常炒菜，除了个别“菜品”，荤菜十二元，素菜八元，比“正规餐馆”便宜好几块钱。炒菜者是她老公，还有一个三十多岁面相斯文的乡下女人；有时忙不过来，或少了一个掌勺的，五妹也会上灶。这样的价格，味道却不错，分量也够。村里就是菜市，食材新鲜。更重要的是，周围虽有好几家本省外地人开的苍蝇馆子，看着却很可疑，只有汪五妹这里，我吃得放心，因为他们自己也吃。有一天，五妹问我：“你吃了这么久，哪家味道好嘛？”我说，我不吃别家炒菜，就你们，那几家太脏。“就是，不要去，‘太球’脏了。”五妹这话，还真不浮夸。

从小爱吃泡菜，自己笨且懒，一直不会泡。超市或街市卖的泡菜又难吃。纯属意外，我在“糊锅巴”这里，吃了这几年吃过的最好吃的私家泡萝卜。不是省城每家餐馆都有的例牌免费泡菜，而是有天跟五妹的分享。因为我看到她在吃，加了辣椒油的泡萝卜，红亮可爱，忍不住赞了几句，她说这个不是给顾客的，自家的。然后，看我像狗一样眼巴巴盯着，“糊锅巴”动了恻隐之心：“来嘛，分点儿给你嘛。”

如同老七那里喝茶，我在汪五妹这里虽是常客，但也不多言语，彼此自在；独来独往的怪异食客，并非只有我一个人。只有今年春节前，“糊锅巴”突然问我：“你是社区的网格员哇？”原来，她看到墙上的“社区组织结构图”，“网格员”的照片有点像我，以为我是这个社区的“管理层”。春节前另一桩要事，则是五妹的荤菜涨了三元，让你立刻有压力了。之前，胃口好的时候，我会像五妹说的那样，潇洒，荤素各点一份，加起来不过二十元。现在，只能要么荤菜要么素菜了。“没有办法，啥子（什么）都在涨，做不出来。”五妹告诉我。

今年春节前，又一个中度雾霾的寒冬快要熬过，我仍在村里晃荡。最冷那一阵，老七他们在七里香藤架下烤火取暖。好多年没见过烧炭取暖了，虽然他们烧得简陋，用一口坏掉的小平底锅生着炭火。老七和老马两家机麻茶馆的中间，是一对居家没开茶馆的老夫妻。老头八十来岁，十多年前，家门前种了两株梅树，密密麻麻的花苞就快绽放。再过几天，春暖花开，坐在水沟边喝茶晒太阳，就有免费红梅看了。

春节前几天，村里“腥风血雨”，露天菜市东一个西一个临时鸡圈，公母分开或混杂，鸡圈旁都是拔掉的鸡毛和血污。吃斋念佛的善心人，读到这里可能不悦，然而新二村的另一好处，却是这个时节，可以买到违禁“点杀”的新鲜家禽，为亲们或单身亲的年饭增光。我的上一次“点杀”，还是三年多以前的大理古城。这一次，我也买了一只两斤多的小母鸡。回到“罗马”，加点当归、大枣和枸杞，炖了一大锅。独立穷人胃口有限，足足吃了四五天，从鸡年吃到狗年。